McMahon
Endlich keine Angst mehr!

Verlag Hans Huber
Programmbereich Psychologie

Gladeana McMahon

Endlich keine Angst mehr!

Hilfe durch Selbstcoaching

Aus dem Englischen von Irmela Erckenbrecht

Verlag Hans Huber

© 2005 Gladeana McMahon
First published by H. Karnac (Books) Ltd.

Programmleitung: Tino Heeg
Lektorat: Dr. Susanne Lauri
Herstellung: Livia Schwarz
Umschlag: Claude Borer, Basel
Druck und buchbinderische Verarbeitung: AZ Druck und Datentechnik GmbH, Kempten
Printed in Germany

Bibliografische Information der Deutschen Nationalbibliothek
Die Deutsche Nationalbibliothek verzeichnet diese Publikation in der Deutschen Nationalbibliografie;
detaillierte bibliografische Daten sind im Internet über http://dnb.d-nb.de abrufbar.

Dieses Werk, einschließlich aller seiner Teile, ist urheberrechtlich geschützt. Jede Verwertung
außerhalb der engen Grenzen des Urheberrechtes ist ohne Zustimmung des Verlages unzulässig
und strafbar. Das gilt insbesondere für Vervielfältigungen, Übersetzungen, Mikroverfilmungen sowie
die Einspeicherung und Verarbeitung in elektronischen Systemen.
Die Wiedergabe von Gebrauchsnamen, Handelsnamen oder Warenbezeichnungen in diesem Werk
berechtigt auch ohne besondere Kennzeichnung nicht zu der Annahme, dass solche Namen im Sinne
der Warenzeichen-Markenschutz-Gesetzgebung als frei zu betrachten wären und daher von jedermann benutzt werden dürfen.

Anregungen und Zuschriften bitte an:
Verlag Hans Huber
Lektorat Psychologie
Länggass-Strasse 76
CH-3000 Bern 9
Tel: 0041 (0)31 300 4500
Fax: 0041 (0)31 300 4593
verlag@hanshuber.com
www.verlag-hanshuber.com

1. Auflage 2011
© 2011 by Verlag Hans Huber, Hogrefe AG, Bern
ISBN 978-3-456-84983-6

Inhalt

Einführung 7

Wie kann mir dieses Buch helfen? 8

Was ist Angst? 9

Verschiedene Arten von Angst 15

Häufig gestellte Fragen 18

Angstfrei werden 20

Angstfreies Denken 27

Angstfreie Gefühle 55

Angstfreies Handeln 71

Was du zu einem angstfreien Leben sonst noch brauchst 101

Die richtige Ernährung 108

Welche Hilfen zur Verfügung stehen 112

Hilfreiche Bücher 114

Hilfreiche Adressen 115

Register 118

Für Mike
Danke, dass du immer für mich da bist

Einführung

Was ist das Besondere an der Kognitiven Verhaltenstherapie?

Das Problem bei Begriffen wie «psychologischer Beratung» oder «Psychotherapie» liegt darin, dass damit suggeriert wird, es gäbe nur eine einzige Therapiemethode. Bei der letzten Zählung kam man jedoch auf 450 verschiedene therapeutische Ansätze – manche sind sich sehr ähnlich, andere wiederum sind so unterschiedlich wie Tag und Nacht.

Die Kognitive Verhaltenstherapie ist eine relativ neue Therapieform. Verhaltenstherapie entstand bereits Mitte der 1950er-Jahre mit dem Ziel, Menschen zu helfen, die Symptome der Angst durch eine Veränderung ihres Verhaltens in den Griff zu bekommen. Obgleich diese Methode einen echten Fortschritt darstellte und vielen Menschen tatsächlich nutzen konnte, wurde doch recht bald klar, dass etwas fehlte: die Be(tr)achtung der individuellen Gedanken, die das Verhalten eines Menschen begleiten.

In den späten 1960er-Jahren wurde die kognitive Therapie ins Leben gerufen. Diese Therapie konzentrierte sich nun auf die verschiedenen Denkmodelle, die zu negativen Gefühlen führen. Es dauerte nicht lange, bis die nützlichen Aspekte der Verhaltenstherapie und der Kognitiven Therapie zu dem zusammengeführt wurden, was wir heute «Kognitive Verhaltenstherapie» (CBT) nennen. Die Kognitive Verhaltenstherapie ist die einzige Therapieform, die von sich aus die ständige Überprüfung und Verbesserung durch die wissenschaftliche Forschung anstrebt. Für ihre Fachleute ist es wichtig, dass eine Therapie nicht nur funktioniert, sondern auch nachweisen kann, *wie* sie funktioniert und *warum*. Inzwischen gibt es viele wissenschaftliche Studien, die dafür sprechen, dass die Kognitive Verhaltenstherapie für eine Reihe von Störungen die beste Behandlungsmethode darstellt. In Großbritannien empfehlen sowohl das National Institute for Clinical Excellence (NICE) als auch der National Health Service (NHS) die Kognitive Verhaltenstherapie bei Depressionen oder Angstproblemen als Behandlungsmethode der Wahl.

Wie kann mir dieses Buch helfen?

Auf die Methoden und Techniken der Kognitiven Verhaltenstherapie gestützt, bietet dir dieses Buch die Chance, deine Angst unter Kontrolle zu bekommen. Du erhältst erste Antworten auf Fragen wie «Was geschieht mit mir?» oder «Wie kann ich meine Ängste überwinden?». Wenn du die in diesem Buch beschriebenen Techniken einsetzt, kannst du lernen, dein eigener «Angstcoach» zu werden.

Einige werden es hilfreich finden, das Buch einmal ganz durchzulesen, um anschließend zu den einzelnen Übungen zurückzukehren. Anderen wird es eher liegen, die Übungen in Angriff zu nehmen, sobald sie auftauchen. Entscheide selbst, welche Methode zu dir passt!

Manche Menschen können sich bereits durch den Einsatz der in diesem Buch beschriebenen Techniken von ihrer Angst befreien. Anderen hilft das Buch, ihre Angst zu vermindern. Für einige bringt dieses Buch keine Veränderung. Falls du zur letzten Gruppe gehörst: Sieh es nicht als persönliches Versagen, sondern als Hinweis, dass du professionelle Hilfe benötigst und einen Besuch bei einem Therapeuten der Kognitiven Verhaltenstherapie planen solltest.

Was ist Angst?

Zu viel des Guten – die Stressreaktion

Angst kann etwas Gutes sein. Wenn ich zum Beispiel eine Straße überquere und ein Auto auf mich zu rasen sehe, würde ich alle körperlichen und emotionalen Symptome der Angst erleben. Verspüre ich dieselben Symptome, wenn ich auf den Bus warte und nichts zu befürchten habe, wäre dies hingegen weder eine hilfreiche noch eine angemessene Reaktion. Angst ist ein wesentlicher, essenzieller Überlebensmechanismus. Unsere Körper sind vorprogrammiert, uns vor gefährlichen Situationen zu schützen.

Biologisch gesehen produziert unser Körper eine Reihe von Stresshormone, wie Adrenalin, die unseren körperlichen und mentalen Zustand sofort verändern und uns helfen, entweder aus der gefährlichen Situation zu fliehen oder uns ihr im Kampf zu stellen. Dies nennt sich «Stressreaktion». (Vielleicht kennst du es unter der Bezeichnung «Kampf oder Flucht».) Die drei Schlüssel-Stresshormone sind Adrenalin (verbunden mit Flucht), Noradrenalin (verbunden mit Kampf) und Cortisol.

Wer kennt die Reaktionen nicht – stärkere Muskelspannung, beschleunigter Puls, schnellerer Atem und ein höherer Blutdruck? Auch verstärktes Schwitzen und Veränderungen im Verdauungssystem (etwa ein «Kribbeln» im Bauch) können die Folge sein. Unser Denken ist ganz auf die vor uns liegende Aufgabe konzentriert und unter Umständen können wir außerordentliche Dinge tun. Vielleicht hast du schon Geschichten von Menschen gehört, die in Notsituationen geradezu Übermenschliches leisten konnten, um einen geliebten Menschen zu retten – beispielsweise von Eltern, die ein Auto angehoben haben, unter dem ihr Kind eingeklemmt war.

Neben Kampf oder Flucht können Gefahrensituationen eine dritte Reaktion auslösen: das komplette Erstarren. Diese Reaktion, auch wenn sie seltener auftritt, kann unter den richtigen Umständen äußerst wirksam sein – wenn du dich zum Beispiel vor einem Angreifer versteckst.

Doch wie alles im Leben: Zu viel des Guten kann zu Problemen führen. Die Stressreaktion ist für viele Menschen – obwohl enorm wichtig – eher Fluch als Segen.

Abbildung 1 zeigt, was in deinem Körper vorgeht, wenn es zu einer Stressreaktion kommt.

Die Stressreaktion ist sozusagen nur für den kurzfristigen Gebrauch gedacht. Wenn sie nicht abklingt, sobald die Gefahr vorbei ist, können verschiedenste Probleme auftreten. Außerdem verringert sich unsere Fähigkeit, bestimmte Situationen zu bewältigen (s. Abbildung 2).

10 Endlich keine Angst mehr!

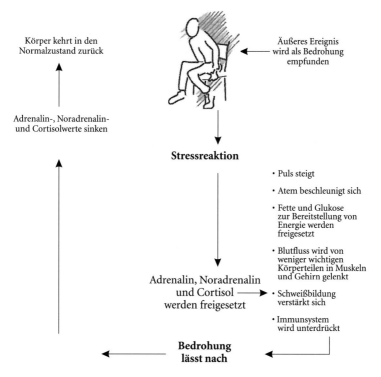

Abbildung 1. Die Stressreaktion

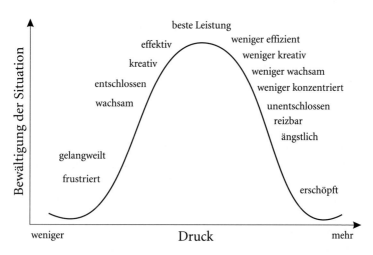

Abbildung 2. Persönliche Leistungskurve

Klingt die Stressreaktion nicht ab, verwandeln sich die mit Kampf oder Flucht verbundenen körperlichen, mentalen und verhaltensbezogenen Empfindungen, die für die Bewältigung von Krisensituationen wesentlich sind, in etwas ziemlich anderes. Eine Liste von Symptomen findet sich in Tabelle 1.

Tabelle 1. Symptome der Angst

Körperliche Anzeichen	Emotionale Anzeichen
Druck auf der Brust	Stimmungsschwankungen
Brustschmerzen und/oder Herzklopfen	Angstgefühle/Sorgen
Verdauungsprobleme	Anspannung
Kurzatmigkeit	Wutgefühle
Übelkeit	Schuldgefühle
Muskelzuckungen	Schamgefühle
Schmerzen	Fehlende Begeisterung
Kopfschmerzen	Zynismus
Hautprobleme	Gefühle des Kontrollverlusts
Erneutes Auftreten früherer Krankheiten/Allergien	Gefühl der Hilflosigkeit
Verstopfung/Durchfall	Vermindertes Selbstvertrauen/geringe Selbstachtung
Gewichtszunahme oder -abnahme	Schlechte Konzentration
Bei Frauen: Zyklusprobleme	
Ohnmacht	
Müdigkeit	
Verhalten	**Gedanken/psychologische Aspekte**
Nachlassende Arbeitsleistung	«Ich bin ein Versager»
Größere Unfallneigung	«Ich müsste das doch schaffen»
Vermehrtes Trinken und Rauchen	«Warum hacken alle auf mir herum?»
Zu viel essen/Appetitverlust	«Niemand versteht mich»
Schlafprobleme	«Ich weiß nicht, was ich tun soll»
Schlechtes Zeitmanagement	«Ich schaffe das nicht»
Keine Gelegenheit zu entspannen	Verlust des Urteilsvermögens
Stottern	Rückzug von Familie und Freunden
Verlust des sexuellen Interesses	Schlechtes Urteilsvermögen
Unfähigkeit, Gefühle auszudrücken	Das Gefühl, auf eine Art «Autopilot» gestellt zu sein
Gefühlsausbrüche und Überreaktionen	
Nervöse Angewohnheiten wie Fingertrommeln	

Sind manche Menschen anfälliger als andere?

Das Office for National Statistics (ONS) stellt für Großbritannien fest, dass einer von vier bis einer von sechs Erwachsenen an psychischen Problemen leidet und etwa drei von zehn Erwachsenen Angstprobleme durchleben.

Angstgefühle und Depressionen treten bei 9,2 Prozent, generalisierte Angststörungen bei 4,7 Prozent, Phobien bei 1,0 Prozent, Zwangsstörungen bei 1,2 Prozent und Panikstörungen bei 0,7 Prozent der Bevölkerung auf. Wie du siehst, kämpfen viele Menschen mit Angstproblemen. Du bist nicht allein!

Eine Reihe von Faktoren spielt eine Rolle bei Angstproblemen, wie etwa die Familiengeschichte, belastende Erlebnisse, persönliche Denkstile, unzureichende Bewältigungsstrategien, individuelle Persönlichkeitszüge und mangelnde soziale Unterstützung.

Familiengeschichte

Gemäß Forschung treten Zustände wie Ängste oder Depressionen sehr oft in Familien auf. Bisher ist unklar, in welchem Maße diese auf genetische Einflüsse oder das Erlernen angsttypischer Verhaltensweisen und Denkmodelle innerhalb der Familie zurückgehen. Selbst wenn du in eine Familie hineingeboren wurdest, in der es eine Neigung zu Angstproblemen gibt und diese auch bei dir auftreten, bedeutet das jedoch nicht automatisch, dass du die Probleme nicht überwinden kannst. Ein großer Teil des eigenen Verhaltens ist erlernt – und was *er*lernt wurde, kann auch wieder *ver*lernt und durch neue Verhaltensweisen ersetzt werden. Natürlich nur, wenn du bereit bist, Arbeit zu investieren.

Belastende Erlebnisse

Wer hat noch nie eine belastende Phase in seinem Leben durchlebt? Ob Trauerfall, Verlust der Arbeitsstelle oder das Ende einer Beziehung – jedes Ereignis, das wir als bedrohlich empfinden, kann Gefühle der Angst und Furcht auslösen. Die Psychologie hat festgestellt, dass selbst an sich positive Erlebnisse, wie die Geburt eines Kindes oder eine berufliche Beförderung, belastend wirken können, weil sie mit Veränderungen verbunden sind. Jede Veränderung, auch im positiven Bereich, erfordert ein gewisses Maß an emotionaler Anpassung.

Persönlicher Denkstil

Menschen mit bestimmten Denkstilen entwickeln mit größerer Wahrscheinlichkeit Angstgefühle. Zu diesen Denkstilen gehört die Neigung, Positives zu schmälern oder aber Negatives zu betonen, zu übertreiben oder zu dramatisieren. Auf diese Art des negativen Denkens und mögliche Gegenmittel werden wir an späterer Stelle noch ausführlicher eingehen. Gemäß Forschung hängen Denken und Stimmung eng zusammen. Je negativer die Gedanken, desto ängstlicher fühlt sich die Person aller Wahrscheinlichkeit nach, besonders wenn die negativen Gedanken mit einer wahrgenommenen Bedrohung zusammenhängen. Stellen wir uns beispielsweise vor, jemand hat eine hohe Hypothek auf sein Haus aufgenommen, gerade ein Kind bekommen und erfährt, dass er sehr wahrscheinlich seinen Arbeitsplatz verlieren wird. Menschen mit einem angepassten Denkstil werden sich in dieser Situation Sorgen machen, bei Menschen mit einer Neigung zu pessimistischem Denken hingegen treten wahrscheinlich erhebliche Ängste auf.

Unzureichende Bewältigungsstrategien

Viele von uns verfügen über hilfreiche Bewältigungsstrategien, auf die wir bei Bedarf zurückgreifen können: etwa die Erkenntnis, dass es Angstgefühle mindern kann, wenn wir Aufgaben aktiv angehen, anstatt uns ihretwegen Sorgen zu machen. Allerdings greifen die meisten von uns gelegentlich zu Bewältigungsstrategien, die wir zwar kurzfristig als tröstlich empfinden – wie trinken, rauchen oder übermäßig essen –, im Endeffekt jedoch alles andere als hilfreich sind.

Individuelle Persönlichkeitszüge

Dein eigener, grundlegender Persönlichkeitstyp kann dir bei der Bewältigung von Stress und Angst entweder helfen oder aber im Weg stehen. In den späten 1960er-Jahren entdeckten Kardiologen die grundlegenden «Typ A»- und «Typ B»-Persönlichkeiten. Später kam ein dritter, namentlich der «widerstandsfähige Typ», dazu. Typ A-Persönlichkeiten sind ehrgeizig, wettbewerbsorientiert, reizbar und aggressiv. Sie neigen dazu, Stresssymptome zu übergehen und erst ganz am Ende, nach langer Überbelastung, zusammenzubrechen. Die Typ B-Persönlichkeiten sind gelassener und lassen die Dinge auch einmal einfach geschehen. Die «widerstandsfähige Persönlichkeit» scheint alle Eigenschaften des Typ A zu besitzen – ausgenommen Stressanfälligkeit.

Soziale Unterstützung

Im Laufe der Jahre hat die Forschung gezeigt, dass Menschen mit engem Kontakt zu Familie und Freunden die negativen Auswirkungen belastender Situationen besser abwehren können. Je mehr Menschen wir haben, mit denen wir reden können, desto besser sind wir vor den negativen Folgen einer Situation geschützt. Ein schwaches soziales Netz offenbart sich vor allem in Zeiten der Krise.

Könnte ich meine Ängstlichkeit erlernt haben?

Es ist gut möglich, dass du in deinem familiären Umfeld gelernt hast, Angst zu haben.

War einer deiner Elternteile so ängstlich, dass er dich jedes Mal, wenn du als Kind etwas Neues ausprobieren wolltest, zurückhalten wollte? Hast du dadurch den Eindruck erhalten, dass das Leben nicht sicher ist? Als Kind sehen wir zu den Eltern auf und lernen von ihnen. Du kannst von ihnen gelernt haben, Risiken lieber auszuweichen und Hindernissen aus dem Weg zu gehen, kurz, eine angsterfüllte Einstellung zum Leben zu entwickeln.

Manchmal ist es hilfreich, sich die Kindheit als eine Art Trainingslager und diejenigen, die sich um uns kümmern, als Ausbilder vorzustellen. Sind die Ausbilder gut trainiert und in der Lage, die Fähigkeiten, die im Leben gebraucht werden, weiterzugeben, werden auch wir diese Fähigkeiten entwickeln. Sind sie es nicht oder durchleben gerade selbst schwierige Zeiten, ist es wahrscheinlich, dass wir die benötigten Fähigkeiten nicht in ausreichendem Maße entwickeln.

Verschiedene Arten von Angst

Generalisierte Angststörung

Diese Menschen machen sich ständig und über fast alles Sorgen. Viele beschreiben Gefühle der Anspannung, Rastlosigkeit oder Gereiztheit. An sich gewöhnliche Situationen werden als bedrohlich interpretiert. Zu den Symptomen gehören Zittern, Schwindel, Kopfschmerzen, Muskelanspannung, Schmerzen (besonders an Hals und Nacken), Aufgeregtheit, Rastlosigkeit, schnelles Ermüden, Schlafstörungen, Konzentrationsprobleme, Reizbarkeit und Vergesslichkeit sowie viele der zur Stressreaktion gezählten Symptome (s. Tab. 1, S. 11).

Zwangsstörung

Menschen mit dieser Störung verspüren einen zwanghaften Drang, bestimmte ritualisierte Handlungen auszuführen. Sie überprüfen beispielsweise zigmal hintereinander Türschlösser oder Gashähne, bevor sie das Haus verlassen können.

Andere können dem Drang, sich immer wieder die Hände zu waschen, nicht widerstehen. Verschiedenste Waschzwänge gehören ebenso in diese Kategorie. Typisch sind wiederholte Handlungen, die auf eine ganz bestimmte Weise und in einer bestimmten Abfolge ausgeführt werden müssen. Wird das Ritual durch irgendetwas gestört, muss es der Erkrankte häufig wieder von vorn beginnen.

Hypochondrie

Wer unter dieser Störung leidet, ist pausenlos von Ängsten um seine Gesundheit geplagt. Unabhängig davon, wie viele medizinische Untersuchungen schon gemacht wurden, ist er oder sie überzeugt, wirklich krank zu sein. Ein Beispiel: Ein Betroffener deutet die normalen Schmerzen und Beschwerden, wie die meisten von uns sie gelegentlich verspüren, als sichere Anzeichen einer Krebserkrankung. In der Folge landet er in einem endlosen Kreislauf medizinischer Untersuchungen und Arztwechsel, ohne je zu der beruhigenden Überzeugung zu gelangen, dass eigentlich alles in Ordnung ist.

Sowohl bei der Zwangsstörung als auch bei der Hypochondrie besteht in der Regel ein festes Muster typischer Reaktionen:
1. Die wahrgenommene Bedrohung löst sorgenvolle Gedanken oder Bilder aus und dies führt zu Angstgefühlen.
2. Die betroffene Person muss als tröstlich empfundene Handlungen einleiten, wie Hände waschen oder ärztliche Untersuchung, um die Angstgefühle zu mindern.

Posttraumatische Belastungsstörung

Eine Posttraumatische Belastungsstörung tritt meist nach einem traumatischen Ereignis auf. Bei dem Ereignis wurde das Leben der betroffenen Person selbst oder dasjenige einer ihr nahe stehenden Person ernsthaft bedroht; die betroffene Person ist entweder direkt daran beteiligt oder wohnt ihm als Zeugin bei. Die intensiven Gefühle der Angst, Hilflosigkeit und des Entsetzens während einer solchen Situation führen oft zu einer Posttraumatischen Belastungsstörung. Bei vielen lassen die intensiven Gefühle innerhalb der ersten vier bis sechs Wochen nach dem schlimmen Ereignis auch ohne therapeutische Hilfe von selbst nach. Bei anderen ist das Gegenteil der Fall: Die Gefühle verschwinden nicht, sondern verschlimmern sich. Die starken Angstgefühle können die Betroffenen sogar dazu bringen, Menschen, Orte und Aktivitäten, die sie an das belastende Ereignis erinnern, zu meiden. Als wäre dies nicht genug, kann es zu plötzlichen «Rückblenden» kommen, in denen Aspekte des belastenden Erlebnisses erneut durchlebt werden. Es ist nicht ungewöhnlich, dass Menschen mit Posttraumatischer Belastungsstörung zusätzlich unter anderen Angstproblemen leiden.

Phobien

Menschen mit Phobien haben enorme Angst vor ganz bestimmten Dingen, etwa vor Hunden, Katzen, Spinnen, Wasser, großer Höhe, engen Räumen, offenen Plätzen, Blut, Gewitter. Die Angstgefühle können dermaßen extrem sein, dass sie die Funktionsfähigkeit ernsthaft einschränken. Betroffene, wie zum Beispiel eine Person mit Platzangst, neigen dazu, mit Angst besetzte Situationen und Orte zu vermeiden, wodurch sich ihr Lebensradius stark verengen kann. Phobien sind häufig von Panikattacken begleitet, auf die wir weiter unten noch eingehen werden (vgl. Panikstörung).

Soziale Phobie

Manche Menschen erleben eine andere Art von Phobie: die soziale Phobie. Sie haben Angst davor, unter Menschen zu sein. Die Betroffenen vermeiden es häufig, mit anderen zusammen zu kommen; es ist ihnen ein Gräuel, beim Essen in der Öffentlichkeit gesehen zu werden oder generell in irgendeine Situation zu geraten, in der sie sich von anderen beobachtet, bewertet und beurteilt fühlen.

Panikstörung

Wer eine Panikstörung hat, erlebt immer wieder Panikattacken. Die Attacken beinhalten intensive Angstgefühle, begleitet von einer ganzen Reihe verschiedenster Gefühle. Zu den Symptomen gehören Herzklopfen, Zittern, Kurzatmigkeit, Erstickungsgefühle, Brustschmerzen, Übelkeit, Benommenheit, ein Gefühl, «neben sich» zu stehen, sowie die Angst, verrückt zu werden oder zu sterben. Während manche Betroffene über Jahre nur von wenigen Panikattacken heimgesucht werden, leiden andere fast täglich darunter. Die Störung zeigt sich meist gegen Ende der Pubertät oder im jungen Erwachsenenalter erstmals. Die Intensität der Attacken unterscheidet sich stark; Frauen leiden doppelt so häufig wie Männer unter der Störung. Die Forschung tendiert zu der Annahme, dass es eine genetische Disposition gibt.

Burn-out

Zum Burn-out (wörtlich «Ausbrennen») kann es kommen, wenn jemand über einen längeren Zeitraum hinweg extremem Stress ausgesetzt ist. Wie du aus der vorhergehenden Beschreibung der Stressreaktion ja bereits weißt, produzieren wir in solchen Situationen Stresshormone. Werden über lange Zeit ständig Stresshormone ausgeschüttet, ist ein Burn-out die mögliche Folge. Ein dabei häufig auftretendes Symptom ist Angst.

Häufig gestellte Fragen

Kann mir meine Angst schaden?

Sicher kennst du die Redensart, jemand sei «vor Angst gestorben». Auch wenn man dieses Bild gern benutzt, um seine Angst besonders anschaulich zu schildern, ist es zum Glück nicht wahr: Niemand kann vor Angst sterben. Angst ist ein wirklich unangenehmes Gefühl mit körperlichen Begleiterscheinungen, aber das ist alles.

Werde ich einen Nervenzusammenbruch erleben?

Angst führt nicht zu Nervenzusammenbrüchen. Viele Menschen mit psychischen Erkrankungen haben Angstgefühle – Angst für sich gesehen verursacht jedoch keine psychische Erkrankung.

Warum bin ich ständig müde?

Angst macht müde. Dein Körper arbeitet hart, um Stresshormone zu produzieren und deren Auswirkungen zu verkraften. Es ist anstrengend, das Leben zu meistern, wenn du Angst hast. Sobald du in der Lage sein wirst, besser mit Angstgefühlen umzugehen, wirst du auch wieder mehr Energie haben.

Wäre es besser für mich auszuruhen?

Haushalte mit deiner Energie und setze sie möglichst klug ein. Bedenke aber, dass ängstliche Menschen dazu neigen, bestimmte Situationen zu vermeiden. Sie sind meist bemerkenswert erfinderisch, wenn es um die Rechtfertigung ihres Vermeidungsverhaltens geht. Das Vermeiden verschlimmert jedoch die Angst. Du musst vielmehr lernen, mit schwierigen Situationen umzugehen – dann wird die Angst zurückgehen und schließlich ganz verschwinden.

Kann ich wirklich lernen, meine Angst zu kontrollieren?

Ja, du kannst lernen, die eigene Angst zu kontrollieren und schließlich ganz zu überwinden. Die Techniken des Angst-Managements werden dir dabei helfen, mehr Kontrolle über deine Gefühle, deinen Körper und dein gesamtes Leben zu gewinnen.

Wie ist es mit Medikamenten – gibt es keine Pille, die mich heilen kann?

Medikamente können hilfreich sein. Aber sie lösen das Problem nicht, sie verdecken es nur. Die einzige Möglichkeit, deine Angst effektiv und langfristig in den Griff zu bekommen, besteht darin, anders zu leben. Ein weiterer Nachteil von Medikamenten ist, dass du am Ende immer mehr davon nehmen musst, weil die Wirkung nachlässt.

Angstfrei werden

Stress vermindern

Hilf dir selbst – denk immer daran, dass du *etwas unternehmen* kannst, um den Stress zu vermindern, und sei es auch nur ein kleines bisschen. So schaffst du die ersten Schritte:

F finde heraus, welche stressreichen Ereignisse auf dich zukommen und fasse Pläne dafür,
I identifiziere die wichtigsten Stressquellen in deinem Leben und
T trainiere verschiedene Bewältigungsstrategien, die du für dich entwickelt hast. Übe regelmäßig – mit dem Ziel, dass dir die Strategien so vertraut sind, dass du bei Bedarf jederzeit darauf zurückgreifen kannst.

Techniken und Strategien zum Stress-Management

Wähle aus der folgenden Auflistung von Techniken diejenigen aus, die deinen Vorlieben und Lebensumständen am ehesten entsprechen.

Unterstützungssysteme aktivieren

Bau dir ein starkes Netzwerk. Steh zu deinen Gefühlen und sprich mit anderen darüber. Falls du Hilfe brauchst, bitte darum – falls sie dir angeboten wird, nimm sie auch an. Du kannst dich revanchieren, sobald es dir wieder besser geht. Jetzt ist es erst einmal an dir, Hilfe anzunehmen.

Entspannung

Entspannung spielt ebenfalls eine wichtige Rolle beim Umgang mit Stress und Angst. Hier ein paar einfache Möglichkeiten, wie du dir selbst etwas Gutes tun kannst:

- Genieße ein heißes Bad, zünde ein paar Kerzen an, träufle Lavendelöl ins Badewasser, lege ruhige Musik auf und nimm dir ganz bewusst Zeit für dich selbst.

- Dämpf das Licht im Wohnzimmer, spiel leise Musik ab, schließ die Augen, lasse innerlich ganz los und entspanne dich.

– Nimm dir die Zeit, deinen Garten, einen nahen Park oder die Natur zu genießen. Betrachte in aller Ruhe die Bäume und Blumen.

Entspannungsübungen

Es gibt viele Arten von Entspannungsübungen, von denen manche körperliche Bewegung, andere dagegen nichts weiter erfordern als bewusstes Atmen oder Visualisieren. Hier drei häufig angewandte und bewährte Entspannungstechniken.

Bewusstes Atmen

– Atme durch die Nase ein und zähle dabei bis vier.
– Atme durch die Nase wieder aus und zähle dabei bis fünf.
– Entspanne beim Ausatmen bewusst deine Schultern.

Benutze beim Ein- und Ausatmen deine Bauchmuskeln, um das Atmen zu kontrollieren. Presse zum Beispiel beim Einatmen mit den Bauchmuskeln gegen außen und beim Ausatmen gegen innen. So machst du tiefere Atemzüge und kannst den größtmöglichen Nutzen aus dieser Entspannungsübung ziehen.

Übe die oben beschriebene, bewusste Atmung, bis du das Gefühl hast, die Übung jederzeit und überall durchführen zu können. Sie ist einfach, aber wirkungsvoll, und kann Gefühlen der Nervosität die Spitze nehmen. Besonders hilfreich ist sie vor allem immer dann, wenn du eine schwierige Situation oder Auseinandersetzung vor dir hast.

Muskeln anspannen und wieder entspannen

1. Lege dich bequem auf den Boden.
2. Beginne mit den Füßen. Spanne die Fußmuskeln an und entspanne sie wieder. Konzentriere dich darauf, wie schwer sich deine Füße anfühlen und wie sie in den Boden sinken.
3. Spanne die Muskeln in deinen Beinen an, so fest du kannst, und entspan-

ne sie wieder. Konzentriere dich darauf, wie schwer sich deine Beine anfühlen und wie sie in den Boden sinken.
4. Gehe von unten nach oben alle Teile deines Körpers durch – Po, Bauch, Brust, Rücken, Nacken, Gesicht – und spanne deine Muskeln an, um sie anschließend wieder zu entspannen.

Hinweis: Falls du Herzprobleme oder hohen Blutdruck hast, solltest du dich vor der Durchführung dieser Übung ärztlich beraten lassen.

Visualisieren

1. Such dir einen sicheren Ort, an dem du einige Zeit lang ungestört sitzen oder liegen kannst.
2. Stell dir vor, du spazierst in deiner Lieblingsjahreszeit durch einen wunderschönen Garten mit üppigen Blumen, Büschen und Bäumen.
3. An einer Seite des Gartens bemerkst du eine Mauer. In der Mitte der Mauer befindet sich eine schöne, alte Holztür mit einer großen, eisernen Klinke.
4. Geh zu der Tür und öffne sie.
5. Du findest dich auf der andern Seite an deinem ganz persönlichen, sicheren Ort wieder – ein Ort der Ruhe, von dem niemand weiß und an dem dich niemand stören kann.
6. Genieße es, dort zu sein.
7. Wenn du bereit bist, geh zurück zu der Tür.
8. Geh hindurch und schließ die Tür fest hinter dir. Du weißt, dass dein ganz persönlicher, sicherer Ort auf dich wartet, wann immer du dorthin zurückzukehren willst.
9. Geh weiter imaginär durch den Garten spazieren – und wenn du dazu bereit bist, öffne deine Augen.

Hinweis: Diese Übung kann zwischen zwei Minuten und einer halben Stunde dauern, je nachdem, wie viel Zeit du dir dafür nimmst.

Verankern

Das «Verankern» ist eine einfache Technik, mit deren Hilfe du positive, beruhigende und zuversichtliche Gefühle mit einem bestimmten Gegenstand (zum Beispiel etwas, das du häufig bei dir trägst) verbindest. Hast

du Angst, berühre den gewählten Gegenstand und konzentriere dich auf die damit verbundenen Gefühle.
1. Wähle einen Gegenstand, etwa einen Ring.
2. Schließe deine Augen. Konzentriere dich auf einen Aspekt deines Lebens, der ein warmes Licht oder ein Lächeln auf dein Gesicht zaubern kann. Egal, ob es eine Person, ein Ort oder eine bestimmte Aktivität ist – wichtig ist, dass es etwas ist, das dir selbst ein gutes Gefühl gibt.
3. Streiche über den Ring und denke an diesen positiven Gedanken. Verharre etwa fünf Minuten lang in diesem Zustand.
4. Warte einige Minuten und wiederhole das Ganze.
5. Mit dieser Übung verbindest du positive Gefühle mit dem ausgewählten Gegenstand. Mache diese Übung oft – bald versetzt dich das bloße Berühren des Gegenstands in eine positive Stimmung.

Angst und Ernährungstipps

Angst kann durch Genussmittel, die Koffein enthalten (wie Tee, Kaffee, Cola und Schokolade), verstärkt werden. Koffein ist ein stark anregender Inhaltsstoff, den wir, wenn wir zu Angst, Aufregung oder Wut neigen, besser meiden sollten.

Wenn wir ängstlich sind, produzieren wir Adrenalin. Dadurch können unsere Blutzuckerwerte dramatisch abfallen. Um diese Werte einigermaßen im Gleichgewicht zu halten, sollten wir während des Tages «wenig und oft» essen. Außerdem sollten wir auf raffinierten Zucker und andere Substanzen, die zu rasch zu einem «Hoch» beim Blutzucker führen, verzichten. Zu empfehlen sind Lebensmittel, die ihre Nährstoffe (beispielsweise «komplexe» Kohlenhydrate in Kartoffeln, Vollkornnudeln, Naturreis, Vollkornbrot, Äpfel und Bananen) langsam freisetzen. Sie versorgen den Körper auf gleichmäßige, kontrollierte Weise mit Nährstoffen.

Zeit-Management

Zeit ist ein wertvolles Gut, weil sie uns nur in begrenztem Maße zur Verfügung steht.

Lerne, effektiv mit ihr umzugehen – dadurch wird sich dein Stresspegel mit Sicherheit senken.

Da das Zeit-Management eine wichtige Fähigkeit ist, die man gut verstehen und beherrschen sollte, ist auf den S. 101 bis 105 ein ganzer Abschnitt diesem Thema gewidmet.

Schlaf

Für unser psychisches und körperliches Wohlbefinden ist es unabdingbar, dass wir genug Schlaf bekommen. Die Forschung legt nahe, dass es dabei vor allem auf die Qualität des Schlafes ankommt. Aber auch zu wenig oder zu viel Schlaf kann unsere Leistungsfähigkeit einschränken. Wie viel Schlaf wir genau brauchen, ist sehr unterschiedlich. Je nach Schlaftyp – ob wir in die Kategorie Lang- oder Kurzschläfer fallen – schwankt die zur Erholung notwendige Schlafdauer zwischen fünf und elf Stunden. Der Durchschnitt liegt bei sieben bis acht Stunden in der Nacht.

Schlaf lässt sich in fünf Stadien aufteilen. Ein wichtiges Stadium ist der sogenannte REM-Schlaf (benannt nach den dabei auftretenden raschen Augenbewegungen, «Rapid Eye Movements»). In dieses Stadium fallen die Traumphasen. Wir alle träumen, selbst wenn wir uns nach dem Aufwachen häufig nicht mehr an unsere Träume erinnern können.

Paradoxerweise kann die Sorge, nicht schlafen zu können, oft mehr negative Symptome mit sich bringen als der Schlafmangel selbst. Stress ist eine der Hauptursachen für Schlafstörungen. Das Szenario ist uns allen bekannt: Du liegst nachts wach, grübelst über deine Probleme nach oder wirst von anderen Sorgen geplagt, die dir Angst machen. Du schläfst endlich ein, wachst aber müde auf, da die Sorgen nicht verschwunden sind. Deshalb unterschätzen wir oft die Menge an Schlaf, die wir tatsächlich bekommen haben. Durch Angst kann die Schlafkontinuität empfindlich gestört werden.

Leidest du unter Schlafproblemen, können folgende Tipps hilfreich sein:

– Pflege ein abendliches Zubettgehritual. Trinke beispielsweise warme Milch mit Honig, oder eine schwarzen Schokolade, denn Milch enthält die Aminosäure L-Tryptophan, die schlafregulierend wirkt.

– Nimm ein warmes Bad. Ein entspannendes Badeöl kann ebenfalls schlaffördernd sein.

– Gönne dir keinen Mittagsschlaf oder sonstiges «Nickerchen» am Tag.

– Trinke vier bis acht Stunden vor der Bettzeit keine koffeinhaltigen Getränke, da Koffein anregend wirkt und dich möglicherweise zusätzlich wach hält.

- Vermeide abends schwere, fette, blähende und scharf gewürzte Speisen.
- Wachst du nachts auf, geh nicht hinter den Kühlschrank! Du willst deinen Körper ja nicht an Mitternachtsfütterungen gewöhnen.
- Achte darauf, dass du tagsüber viel Bewegung bekommst. Körperliche Betätigung ist besonders am späten Nachmittag oder frühen Abend günstig.
- Führe die oben beschriebenen Entspannungsübungen durch.
- Sorge dafür, dass deine Schlafumgebung so angenehm wie möglich ist, nicht zu warm und nicht zu kalt. Schalte elektrische Geräte aus, um mögliche Störungen zu vermeiden.
- Drehe deine Uhr so, dass du sie nicht sehen kannst. Forschungsarbeiten haben gezeigt, dass die Kontrolle der Uhrzeit und das Nachgrübeln über die schlaflos vergangene Zeit nur zusätzlich wach halten und du letztlich mehr schläfst, wenn du nicht weißt, wie spät es ist.

Manchen Menschen hilft bereits ein Verrücken des Bettes oder eine generell neue Anordnung der Möbel im Schlafzimmer. Das Gleiche gilt für das Entfernen von Gegenständen oder Bildern, die im Dunkeln unheimlich wirken können. Angenehme Gerüche können ebenfalls zu einer schlaffördernden Atmosphäre beitragen. Die Aromatherapie empfiehlt in diesem Zusammenhang besonders Lavendelöl, das eine entspannende Wirkung hat.

Wenn du nach einer halben Stunde noch nicht eingeschlafen bist, steh auf und beschäftige dich mit einer angenehmen, nicht anregenden Tätigkeit, wie Lesen oder Musik hören. Sobald du dich müde fühlst, gehst du wieder ins Bett und versuchst erneut einzuschlafen. Wiederhole diese Abfolge so oft wie nötig. Es ist außerdem wichtig, dass du dein Bett nur zum Schlafen nutzt.

Kannst du aufgrund eines traumatischen Erlebnisses nicht schlafen, ist es wichtig, dass du dich an deinem Schlafort sicher fühlst. Sorge beispielsweise dafür, dass alle Türen und Fenster geschlossen und gesichert sind. Wirst du aufgrund deiner Erlebnisse von Albträumen heimgesucht, können dir folgende Hinweise eventuell nützlich sein:

- Notiere den Traum in der dritten Person («Er/Sie konnte nicht atmen»), keinesfalls in der ersten Person («Ich konnte nicht atmen»).

- Überlege, was der Traum bedeuten könnte. Handelt es sich um eine Wiederholung («Rückblende») des traumatischen Erlebnisses, um eine Abwandlung oder um etwas völlig anderes?
- Könntest du den Verlauf der Handlung verändern? Bist du in deinem Traum beispielsweise in die Enge getrieben worden, könntest du einen Ausweg finden oder dich durch eine große Kraftanstrengung befreien.
- Gehe diese neue Version in deiner Vorstellung durch, wenn du wach bist. Wiederhole diesen Vorgang, wenn du müde bist und vor dem Schlafengehen.
- Nimm dir vor, dem Traum das neue Ende zu geben, falls er wiederkehrt.

Möglicherweise musst du diese Übung mehrmals wiederholen, bis sie schließlich wirkt. Hilfreich ist, sich kurze Notizen zu machen und jeweils auf einer Skala von 0 bis 8 Punkten einzuschätzen, wie unangenehm die mit einem Albtraum verbundenen Gefühle gewesen sind. Wahrscheinlich wirst du feststellen, dass die Albträume zwar nicht völlig verschwinden, Intensität und emotionale Dramatik aber nachlassen. Mit Hilfe deiner Notizen kannst du mitverfolgen, wie deine Albträume allmählich schwächer werden.

Angstfreies Denken
Die vier Phasen der Veränderung

Wenn du etwas Neues lernst – unabhängig davon, ob es sich um eine praktische Fähigkeit (wie die Benutzung des Internets) oder eine geistige Fähigkeit (beispielsweise die Veränderung eigener Verhaltens- oder Denkweisen) handelt – durchläufst du vier voneinander unterscheidbare Phasen:

Phase 1	Phase 2	Phase 3	Phase 4
unbewusst	bewusst	bewusst	unbewusst
inkompetent	inkompetent	kompetent	kompetent

Dieser Prozess ist unter der Bezeichnung «Robinsons vier Phasen des Lernens» bekannt.

Phase 1: unbewusst und inkompetent

«Weiß ich nicht, kann ich nicht.»
Du bist unzufrieden, weißt aber nicht, warum.

Phase 2: bewusst und inkompetent

«Ich habe oft negative Gedanken, bin aber nicht in der Lage, daran etwas zu ändern.»
Obwohl dir in dieser Phase bewusst ist, was mit dir geschieht, bist du unfähig, etwas dagegen zu unternehmen. Die Phase 2 ist die Bewusstwerdungsphase. Ein Beispiel: Du realisierst, wie du dir selbst Angst machst, wenn du ständig in «Alles oder nichts»-Kategorien denkst. Dennoch bist du nicht in der Lage, damit aufzuhören.

Phase 3: bewusst und kompetent

«Ich kann meine Gedanken und Gefühle einigermaßen steuern und komme in vielen Situationen besser zurecht. Aber ich muss immer aktiv überlegen, was ich wann tue.»
In dieser Phase kannst du auf eine Reihe von hilfreichen Strategien zurückgreifen. Aber du musst immer überlegen, was du tust – die Strategien kommen nicht «von alleine».

Phase 4: unbewusst und kompetent

«Plötzlich wurde mir klar, dass ich die Situation gemeistert hatte – ohne dass ich lange darüber nachdenken musste.»
Je mehr du deine neuen Fähigkeiten übst, umso selbstverständlicher und natürlicher wird dir dein Verhalten vorkommen. Du kannst nun, sozusagen «auf Autopilot», das Richtige tun, ohne groß darüber nachdenken zu müssen.
Veränderungen brauchen Zeit. Sei beharrlich, übe regelmäßig und sei dir bewusst, dass du einen Schritt nach dem anderen tun musst. Dann wirst du Erfolg haben.

Zahlt sich Optimismus aus?

Optimisten denken positiv über das Leben und sehen in allen Situationen vor allem das Gute. Das «Schlechte» hat wenig Gewicht. Pessimisten halten Optimisten für naiv, für Optimisten wiederum sind Pessimisten unglaublich deprimierend. Gemäß Forschung sind beide Grundhaltungen genetisch bedingt. Aber es existieren auch Hinweise darauf, dass das Umfeld, in dem wir aufwachsen, unser Denken prägt. Wir haben bereits darauf hingewiesen, dass bestimmte Verhaltensweisen erlernt werden können. Dasselbe gilt für eine optimistische oder pessimistische Lebenseinstellung.
Einige Forschungsergebnisse suggerieren, dass es Vorteile hat, optimistisch zu sein: Optimisten scheinen beispielsweise länger zu leben, mehr zu erreichen und ein glücklicheres Leben zu führen.
Wenn du unter Ängstlichkeit leidest, kannst du dir wohl nur schwer vorstellen, eine optimistischere Einstellung zum Leben zu haben. Aber: Es *ist* möglich, Verhaltens- und Denkweisen neu zu erlernen. Beginne mit der folgenden Übung (S. 29).
Schau dir deine Antworten an. Lassen sich irgendwelche Muster erkennen? Bist du in Gesellschaft bestimmter Menschen zum Beispiel eher optimistisch, in Gesellschaft anderer dagegen eher pessimistisch?
Pessimistisches Denken zehrt an deinen Kräften. Aber du kannst deinen Denkstil erfolgreich verändern. Alles, was du dafür tun musst, ist, etwas Zeit und Mühe dafür aufzuwenden.
Neben Optimisten und Pessimisten gibt es noch eine dritte Gruppe. Diese Menschen wappnen sich stets für den schlimmsten Fall; sie haben immer einen «Plan B» auf Lager, falls die Dinge nicht wie gewünscht ver-

Übung

Situationen, in denen du die Erfahrung von Optimismus und Pessimismus machst:
1. Schreibe die Namen zweier Menschen in dein Notizbuch, in deren Gegenwart du dich eher optimistisch fühlst. Begründe, woran dies liegen könnte.
2. Notiere zwei Situationen, in denen du dich optimistisch gefühlt hast. Gib mögliche Gründe an.
3. Schreibe die Namen zweier Menschen auf, in deren Gegenwart du dich eher pessimistisch fühlst. Begründe, woran dies liegen könnte.
4. Notiere zwei erst kürzlich zurückliegende Situationen, in denen du dich pessimistisch gefühlt hast. Spekuliere über mögliche Gründe.

laufen. Obwohl sie nicht der Meinung sind, dass alles «automatisch» gut wird, wagen sie sich in risikoreiche Situationen mit unsicherem Ausgang vor. Sie arbeiten hart und versuchen stets, sich gut vorzubereiten. Diese Menschen nennt man «defensive Pessimisten». Für manche Menschen scheint es zu funktionieren. Wenn du dich trotz Bedenken auf unsicheres Terrain begibst, bist du wahrscheinlich ein defensiver Pessimist – wenn nicht, ein Pessimist.

Stärke deinen optimistischen Blick auf das Leben. Die folgende Übung soll dir dabei helfen.

Übung

Drei Wege, deinen Optimismus zu stärken:
1. Schreibe am Ende eines jeden Tages drei Dinge auf, die gut gelaufen sind. Das brauchen keine großen Ereignisse zu sein. Sehr gut eignen sich beispielsweise Aufgaben, die du wider Erwarten gut gemeistert hast.
2. Ertappst du dich bei einer negativen Sicht auf das Leben, ersetze täglich einen negativen Gedanken mit einem positiven Gedanken oder einem positiven Bild.
3. Erstelle eine Liste mit positiven Aussagen. Rufe dir diese Aussagen täglich ins Gedächtnis (wie etwa «Ich werde meine Angst besiegen», «Ich kann lernen, anders zu denken und mich anders zu verhalten»).

Ist das, was ich denke, wahr?

Wir versuchen ständig, die Welt um uns zu verstehen. Ständig interpretieren wir Botschaften und nutzen diese Informationen, um zu entscheiden, wie wir mit unserem Umfeld umgehen. Manchmal stimmt jedoch unser Denken nicht mit den tatsächlichen Geschehnissen überein. Eine Situation lässt sich oft unter verschiedenen Blickwinkeln betrachten. Die Art und Weise, wie wir die Welt sehen, entscheidet darüber, wie wir uns verhalten. Sobald wir dies erkannt haben, vergrößert sich unsere Entscheidungsfreiheit hinsichtlich unseres Verhaltens und unserer Entscheidungen.

Schau dir Abbildung 3 an. Zeigt sie das Gesicht einer Frau oder einen Mann mit einem Saxophon?

Abbildung 3. Das Gesicht einer Frau – oder ein Saxophonspieler?

Siehst du nur ein Bild? Diese Übung ist wie das Leben. Häufig sehen wir nicht, was direkt vor unserer Nase ist. Auch wenn wir förmlich darauf gestoßen werden, schaffen wir es nur selten, unsere Sichtweise zu ändern. Zeit, Geduld und Mühe können jedoch Wunder wirken.

Wie wirken sich meine Überzeugungen auf mich aus?

Von den 1950er-Jahren bis heute haben Psychologen verschiedene Überzeugungen ausgemacht, die Menschen in ihrem Alltag verwenden. Die

Verarbeitung belastender Erlebnisse betreffend sind es vor allem drei Überzeugungen, die ausschlaggebend dafür sind, wie schnell oder langsam sich jemand von einem traumatischen Ereignis erholt:

- Schlimme Dinge passieren nur anderen Leuten.
- Alles im Leben hat einen Sinn und Zweck.
- In einem Notfall würde ich ganz bestimmt immer das Richtige tun.

Jede dieser Überzeugungen führt zu Problemen. Nehmen wir zum Beispiel die Aussage, schlimme Dinge würden immer nur anderen Leuten passieren. Die Wahrheit ist, dass sie *jedem* passieren können, und zwar jederzeit. Jemand muss schließlich die Statistiken füllen. Auch guten Menschen widerfährt Schlechtes. Auch gute Menschen tun manchmal schlimme Dinge.

Sind wir der Überzeugung, im Leben habe alles einen «Sinn und Zweck», sind von Menschen verursachte Katastrophen und Grausamkeiten ungemein verstörend. Manches, was uns im Leben widerfährt, ist sinnlos und lässt sich eben nicht durch einen höheren Zweck erklären.

Und wer glaubt, er würde in einem Notfall bestimmt «das Richtige» tun, ist vor eine schwierige Herausforderung gestellt, wenn er sich in einer Situation wiederfindet, in der er sich ganz anders verhält, als er es vorausgesagt hätte.

Wie bereits erwähnt, sind einige unserer unwillentlichen, unkontrollierbaren Reaktionen biologisch vorprogrammiert. Geraten wir in eine lebensbedrohliche Situation, setzt unsere Stressreaktion ein und unser Körper wird zum Alarmsystem. Nun haben wir zwei Möglichkeiten: entweder fliehen wir die Gefahr oder wir bleiben und stellen uns dem Kampf. Keiner kann voraussagen, wie genau er/sie in einer konkreten Situation reagieren wird.

Menschen neigen dazu, sich bei ihren alltäglichen Handlungen von ihren Überzeugungen leiten zu lassen, wie etwa «Ich werde zur Arbeit gehen und sicher wieder zurückkehren.» Werden wir vom Leben überrascht, werden unsere Überzeugungen infrage gestellt. Dies kann zu Übererregung führen – auch Angst ist eine mögliche Folge.

Wie bereits erwähnt, werden unsere Überzeugungen im Kindesalter, durch «Botschaften» unser Umfeld, geformt. Diese «Botschaften» prägen unser Selbstbild.

Wenig hilfreiches Denken

Zwei Männer stecken im Stau. Sie werden zu spät zu einem beruflichen Termin kommen. Dem einen wird schnell klar, dass er nichts dagegen tun kann. Er nutzt seine Freisprechanlage, um seine Geschäftspartner über seine Verspätung zu informieren, und stellt dann das Radio an, um seinem Lieblingssender zu lauschen. Der andere wird nervös, hält sich ständig vor, was für eine Katastrophe dies ist, und malt sich aus, wie schlecht die anderen von ihm denken werden. Er regt sich so auf, dass er gar nicht daran denkt, sein Handy zu benutzen. Beide Männer erleben die gleiche Situation, ihr Denken ist jedoch grundverschieden. Im einen Fall ist die Denkart hilfreich, im anderen hinderlich.

Kennzeichnend für unser Denken ist, wie wir Situationen interpretieren. Die folgenden Hinweise werden dir zeigen, wie du dein Denken verändern kannst, damit dich Angst in Zukunft nicht mehr blockiert.

Gesundes Denken

Einfach wie das ABC

In der Kognitiven Verhaltenstherapie gibt es das so genannte ABC-Modell. Dieses Modell beschreibt, wie Situationen bestimmte Gedanken auslösen, Gedanken wiederum Gefühle verursachen und Gefühle zu Verhaltensweisen führen können.

A	B	C
Situationen	Gedanken, basierend auf Überzeugungen	Konsequenzen
(zum Beispiel eine Einladung zu einer Party lesen)	(zum Beispiel «Bestimmt werde ich wieder nicht wissen, was ich sagen soll. Die Leute werden mich für beschränkt halten.»)	Gefühle (zum Beispiel Angst) Verhalten (zum Beispiel die Party absagen)

Negative Denkmuster

Wir haben einen Automatismus im Kopf: Ein großer Teil unseres Denkens läuft automatisch ab. Das ist uns häufig gar nicht bewusst. Die Gedanken sind plötzlich in unserem Kopf. Ein bisschen ist das so wie bei der Musik im Supermarkt – im Hintergrund läuft etwas, ohne dass es uns bewusst wird.

In der Kognitiven Verhaltenstherapie spricht man von «negativen automatischen Gedanken», was den Sachverhalt recht gut wiedergibt. In vieler Hinsicht ähneln solche Gedanken den Stechmücken im Sommer: Obgleich man sie oft nicht sieht, wirken ihre Stiche über Tage hinweg noch sehr unangenehm nach. Solche Gedanken sind meist «verzerrt» – mit anderen Worten, sie stimmen nicht mit den Tatsachen überein. Da sie automatisch ablaufen, kann es schwierig sein, sie abzustellen. Hinzu kommt, dass sich unser Denken über viele Jahre hinweg herausgebildet hat. Du weißt sicher aus eigener Erfahrung, wie schwierig es ist, eingefahrene Gewohnheiten abzulegen.

Verschiedene Arten negativer Denkmuster

Es gibt viele verschiedene Arten negativer Denkmuster. Einige davon kommen dir persönlich sicher bekannt vor.

«Alles oder Nichts»-Denken

Du kennst keine Grautöne, beschreibst alles mit extremen Begriffen, wie «gut» oder «schlecht», «richtig» oder «falsch», «Erfolg» oder «Misserfolg». Deine Ziele sind oft unrealistisch und du fühlst dich mies, wenn du sie nicht erreichst. Möglicherweise packst du manche Aufgaben gar nicht erst an, weil du das Gefühl hast, die selbst gesetzten Ansprüche ohnehin nicht erfüllen zu können.

Zum Beispiel:

– Du bist an einem gesellschaftlichen Ereignis. Du hast im Vorfeld alles durchdacht und dir genau überlegt, wie du mit der Situation umgehen willst. Alles verläuft nach Plan. Doch dann missverstehst du eine Bemerkung und kommst dir dumm vor. Du sagst dir: «Okay, das war's dann wohl – ich habe es wieder einmal vermasselt.»

- Du bist mitten in einer Diät, isst aber trotzdem zwei Kekse. Du sagst dir: «Jetzt kann ich die restlichen Kekse auch noch essen, darauf kommt es jetzt nicht mehr an. Ich halte sowieso nie irgendetwas durch.»

> **Übung**
>
> Wenn du das Gefühl hast, dass das «Alles oder Nichts»-Denken auch bei dir häufiger vorkommt, halte in deinem Notizbuch zwei Situationen fest, in denen du diese Art des Denkens bei dir beobachtet hast. Schreibe auch auf, welche Gedanken dir dabei durch den Kopf gingen.

Voreilige Schlussfolgerungen

Du hältst dich für eine Art telepathisches Medium, das Gedanken lesen kann. Du sagst dir selbst negative Ergebnisse voraus und sorgst dann dafür, dass sie auch eintreten, indem du dir selbst sagst, dass es so kommen muss. Damit löst du eine «sich selbst erfüllenden Prophezeiung» aus.

Zum Beispiel:

- Du solltest bei der Arbeit ein Projekt durchführen und stellst fest, dass du nur daran denkst, was alles schief gehen könnte. Du wirst immer ängstlicher und all die negativen Dinge, die du vorausgesagt hast, treten ein.

- Bei einer ersten Verabredung bemerkst du, dass dein Gegenüber ziemlich in sich gekehrt ist. Du denkst: «Sie/er ist von mir enttäuscht und findet mich uninteressant.» In Wirklichkeit hat die Person an dem Tag eine schlechte Nachricht bekommen, die gar nichts mit dir zu tun hat, und ist innerlich noch damit beschäftigt. Doch du fragst nicht nach und glaubst lieber, dass es an dir liegt. Die Situation zwischen euch verkrampft sich.

> **Übung**
>
> Wenn du das Gefühl hast, dass voreilige Schlussfolgerungen auch bei dir häufiger vorkommen, halte in deinem Notizbuch zwei Situationen fest, in denen du diese Art des Denkens bei dir beobachtet hast.

Mentale Filter

Ein mentaler Filter ist eine Art Sieb. Damit filterst du alles Positive heraus, so dass nur noch das Negative übrig bleibt.
Zum Beispiel:
- Eine Freundin sagt dir, wie sehr sie dich schätzt und was sie alles an dir mag. Nebenbei fügt sie hinzu, du könntest allerdings gelegentlich stärker für deine eigenen Interessen einstehen. Bei dir bleibt nur diese eine Bemerkung hängen. Du empfindest sie als kränkende Kritik und ignorierst den Rest.
- Du willst eine Fremdsprache lernen, erinnerst dich aber sofort daran, dass du in der Schule große Probleme hattest. Obgleich es viele aktuelle Anhaltspunkte dafür gibt, wie lernfähig du bist, bist du aufgrund der früheren Erfahrung überzeugt, dass du scheitern wirst. Du nimmst gar nicht erst an dem Sprachkurs teil.

Übung

Wenn du das Gefühl hast, dass auch du einen mentalen Filter vor deine Wahrnehmung geschaltet hast, halte in deinem Notizbuch zwei Situationen fest, in denen du dies bei dir beobachtet hast. Schreibe auch auf, welche Gedanken dir dabei durch den Kopf gingen.

Positives ausblenden

Du machst dich selbst unglücklich, indem du deine Stärken und die positiven Dinge, die du geschafft hast, übersiehst. Wenn wir alles Positive ausblenden, entfernen wir das Vergnügen aus unserem Leben.
Zum Beispiel:
- Du hast hart daran gearbeitet, deine Angst zu überwinden, und hast es geschafft, zu einer Familienfeier zu gehen. Du hast mit allen geredet und dich sogar einigermaßen wohl gefühlt. Trotzdem sagst du dir: «Das war doch nichts Besonderes, das hätte jeder geschafft.»
- Du hast einen harten Arbeitstag hinter dir. Du hast vieles auf deiner Liste abgearbeitet, aber es war schlicht unmöglich, alles zu erledigen. Du sagst dir: «Ich habe mal wieder gar nichts geschafft.»

> **Übung**
>
> Wenn du das Gefühl hast, dass auch du Positives häufiger ausblendest, halte in deinem Notizbuch zwei Situationen fest, in denen du dies bei dir beobachtet hast. Schreibe auch auf, welche Gedanken dir dabei durch den Kopf gingen.

Emotionales Argumentieren

Du bist der Überzeugung, dass das, was du *fühlst*, die Wahrheit ist. Wenn du dich schlecht fühlst, schließt du daraus, du hättest etwas falsch gemacht. Zum Beispiel:

– Du hast Angst davor, neue Menschen kennenzulernen, und schließt daraus, dass du anderen unterlegen bist.

– Du machst einen Fehler und denkst: «Ich habe einen Fehler gemacht. Ich bin ein Versager.»

> **Übung**
>
> Wenn du das Gefühl hast, dass auch du häufiger emotional argumentierst, halte in deinem Notizbuch zwei Situationen fest, in denen du dies bei dir beobachtet hast. Schreibe auch auf, welche Gedanken dir dabei durch den Kopf gingen.

Etikettieren

Gibst du dir selbst Etiketten, wie: «Ich bin ein Versager», «Ich bin zu nichts nutze» oder «Ich bringe nie etwas zustande»? Immer wenn etwas schief geht, und sei es auch noch so unbedeutend, verstärkt dies das Etikett, das du dir selbst gegeben hast.
Zum Beispiel:

– Du hast bei einer Prüfung nicht ganz so gut abgeschnitten, wie du es dir gewünscht hättest. Du sagst dir: «Ich bin ein Versager.»

– Du machst einen Fehler und sagst dir daraufhin: «Ich bin furchtbar dumm und kapiere überhaupt nichts.»

Übung

Wenn du das Gefühl hast, dass auch du dich mit Etiketten versiehst, halte in deinem Notizbuch zwei Situationen fest, in denen du dies bei dir beobachtet hast. Schreibe auch auf, welche Gedanken dir dabei durch den Kopf gingen.

Personalisierung und Schuldzuweisung

Du nimmst alles persönlich und gibst dir selbst die Schuld, auch wenn die fraglichen Probleme überhaupt nichts mit dir zu tun haben.
Zum Beispiel:
– Du solltest bei der Arbeit einen Betriebsausflug organisieren. Du kommst aber nicht recht voran, weil deine Kolleginnen und Kollegen sich nicht auf ein gemeinsames Ziel verständigen können. Die Stimmung ist gereizt und du merkst, dass du Angst bekommst und denkst: «Ich bin aber auch zu gar nichts nutze. Ich hätte das von vornherein besser machen müssen. Bestimmt halten meine Kolleginnen und Kollegen mich jetzt für beschränkt.»

Übung

Wenn du das Gefühl hast, dass auch du zu Personalisierung und Schuldzuweisung neigst, halte in deinem Notizbuch zwei Situationen fest, in denen du dies bei dir beobachtet hast. Schreibe auch auf, welche Gedanken dir dabei durch den Kopf gingen.

Unzulässige Verallgemeinerung

Du neigst dazu, über dich selbst, andere Menschen und die ganze Welt allgemeine Aussagen zu treffen.
Zum Beispiel:
– Du kämpfst mit einem neuen Buchhaltungsprogramm. Du machst einen Fehler und denkst: «Ich mache aber auch immer alles falsch!»
– Deine letzte Beziehung zerbrach, weil du herausgefunden hast, dass deine Freundin dich betrogen hatte. Nun denkst du: «Frauen kann man einfach nicht vertrauen.»

> **Übung**
>
> Wenn du das Gefühl hast, dass auch du zu unzulässigen Verallgemeinerungen neigst, halte in deinem Notizbuch zwei Situationen fest, in denen du dies bei dir beobachtet hast. Schreibe auch auf, welche Gedanken dir dabei durch den Kopf gingen.

Soll/Muss-Denken

Was «solltest» und «müsstest» du nicht alles in deinem Leben! Du versuchst krampfhaft, dich mit solchen Aussagen selbst zu motivieren. Doch je häufiger du sie wiederholst, desto weniger wahrscheinlich ist es, dass du sie auch wirklich tust. Zusätzlich kriegst du am Ende noch ein schlechtes Gewissen. Manchmal schließt du auch andere in dieses Denken mit ein. Daraus resultieren viele negative Urteile über andere, wie etwa «Er hätte es wissen sollen», oder «Sie muss doch tun, was ich will.» In Wirklichkeit sagst du damit, dass du besser als andere weißt, was richtig ist.

Zum Beispiel:

- Du denkst andauernd: «In meinem Alter sollte ich doch nicht mehr solche Ängste haben. Schließlich muss ich mich um andere kümmern.»

- Du durchlebst eine außerordentlich schwere Zeit und denkst: «Ich muss das in den Griff bekommen. Ich sollte das längst überwunden haben.»

> **Übung**
>
> Wenn du das Gefühl hast, dass auch du zum Soll/Muss-Denken neigst, halte in deinem Notizbuch zwei Situationen fest, in denen du dies bei dir beobachtet hast. Schreibe auch auf, welche Gedanken dir dabei durch den Kopf gingen.

Katastrophendenken

Aus kleinen Maulwurfshügeln werden unüberwindliche Achttausender. Wenn es eine Möglichkeit gibt, die Lage so schlecht wie möglich darzustellen, ergreifst du sie beim Schopfe. Typisch ist die Verwendung möglichst vieler emotionaler Wörter, um schrecklichste Konsequenzen vorauszusagen.

Zum Beispiel:
- Dein Chef teilt dir mit, er würde gern am nächsten Tag etwas mit dir besprechen. Du verbringst den ganzen Abend damit, dir Sorgen zu machen und überlegst, was du alles Schlimmes getan haben könntest.
- Du hast einem Freund versprochen, einige nicht so wichtige Kleidungsstücke für ihn von der Reinigung abzuholen, vergisst dies aber. Du verhältst dich, als wäre dies das Ende der Welt und nicht bloß ein einfaches Versehen.

Übung

Wenn du das Gefühl hast, dass das Katastrophendenken auch für dich eine Rolle spielt, halte in deinem Notizbuch zwei Situationen fest, in denen du dies bei dir beobachtet hast. Schreibe auch auf, welche Gedanken dir dabei durch den Kopf gingen.

Um angstfrei zu denken, musst du lernen, negatives Denken zu hinterfragen und zu verändern. Stell dir vor, du würdest jedes Mal, wenn du in negative Denkmuster verfällst, eine Handvoll hart verdientes Geld aus dem Fenster werfen. Deine emotionale Energie ist ebenso wertvoll. Wenn du in eine Krise gerätst, brauchst du Reserven, auf die du zurückgreifen kannst. Das ist so, als würde deine Zentralheizung kaputtgehen und müsste ersetzt werden – auch in einer solchen Situation bist du froh, dass du etwas Geld gespart hast. Das gleiche Prinzip gilt, wenn du eine emotionale Krise erlebst.

Das eigene Denken verändern

Wenn du deine Pläne aufschreibst, ist es wahrscheinlicher, dass du dich daran hältst. Kauf dir also ein Notizbuch und halte deine Fortschritte schriftlich fest. Wenn du einen schlechten Tag hast, kannst du so jederzeit ein unabhängiges Protokoll deines Erfolgs aufschlagen. Denn einen schlechten Tag hat jeder ab und zu, Fortschritt vollzieht sich selten in einer geraden Aufwärtslinie. Gelegentliche Rückschläge sind ganz normal.

Als Erstes musst du lernen, deine Gedanken zu hinterfragen. Übertrage die Liste deiner negativen Denkmuster in dein Notizbuch und fülle die folgende Tabelle aus. Sie wird dir helfen zu erkennen, welche wenig hilfreichen Denkmuster für dich typisch sind.

Negative Denkmuster

Situation	Negatives Denken	Gefühle und Handlungen	Gesunde Reaktion	Neuer Ansatz
A	B	C	D	E

Ausgefülltes Beispiel:

Situation	Negatives Denken	Gefühle und Handlungen	Gesunde Reaktion	Neuer Ansatz
A	B	C	D	E
Einladung zu einer Party	Ich kenne da niemanden. Ich tue mich schwer mit neuen Leuten. Bestimmt werde ich wieder nicht wissen, was ich sagen soll. Die anderen werden mich für langweilig halten. HINTERFRAGEN Empirisch: Wo ist mein Beweis dafür, dass die anderen mich für langweilig halten werden? Logisch: Klar, ich mag Partys nicht besonders, aber folgt daraus, dass ich mich mit neuen Leuten schwer tue? Pragmatisch: Macht es mein Leben besser oder schlechter, an diesen Ideen festzuhalten?	Angst	Empirisch: Es gibt keinen Beweis dafür, dass die anderen mich für langweilig halten werden. Indem ich sie nach ihrem Leben frage, kann ich ihnen zeigen, dass ich mich für sie interessiere. Logisch: Bei der Arbeit treffe ich ständig mit neuen Leuten zusammen und komme gut damit klar. Wenn ich mich verhalte wie dort, ist es nur logisch, dass ich gut zurechtkommen werde. Pragmatisch: Selbst wenn es nicht ganz so optimal laufen sollte, wäre das nicht das Ende der Welt.	Wenn ich mich innerlich auf die Party vorbereite, werde ich das schon schaffen. Ich kann die Strategien einsetzen, die ich bei der Arbeit gelernt habe. Wenn ich die anderen nach ihrem Leben frage, werden sie das Gefühl haben, dass ich mich für sie interessiere. Nicht zur Party zu gehen ist keine Alternative. Meine Angst würde nur noch größer werden. Ich werde niemals lernen, mit solchen Ereignissen besser umzugehen, wenn ich es nicht übe. So eine Einladung ist eine gute Chance.

Negative Denkmuster hinterfragen

Voreilige Schlussfolgerungen

Suche nach Anhaltspunkten, die dir helfen können, deine negativen Denkmuster zu hinterfragen. Wenn du mal wieder das Gefühl hast, dass du «immer alles falsch machst», versuche dich an Situationen zu erinnern, in denen du alles richtig gemacht hast. Was die Menschen um dich herum angeht – mach einen Realitätstest: Frage sie, was sie *wirklich* denken. Vergiss nicht, deine Interpretation ihres Denkens basiert rein auf Vermutungen!

Unzulässige Verallgemeinerungen

Sei dir selbst dein bester Freund. Was würdest du einem Freund in der gleichen Situation raten? Ist es nicht seltsam, dass wir anderen gegenüber oft gnädiger sind als zu uns selbst?

Soll/Muss-Denken

Sei nicht mehr dermaßen absolut – sage «ich möchte» oder «ich will», anstatt «ich soll» oder «ich muss». Damit unterstreichst du, dass es verschiedene Möglichkeiten gibt, etwas zu tun. Sage zum Beispiel: «Ich möchte es lieber richtig machen», anstatt: «Ich darf jetzt nichts falsch machen». Etwas gut machen zu wollen ist nicht falsch. Das Gleiche gilt, wenn wir Ähnliches von anderen erwarten. Es gibt jedoch keine Regel, die besagt, dass andere tun müssen, was wir wollen, oder dass wir etwas, das wir haben wollen, auch bekommen müssen!

«Alles oder Nichts»-Denken

Wenn du merkst, dass du in extremen Kategorien denkst, suche nach dem Mittelweg. Warum die anliegende Aufgabe nicht in mehrere kleine Schritte unterteilen? Hast du einen Teil von dem geschafft, was du dir vorgenommen hast? Wenn ja – lobe dich für alles, was du bereits erreicht hast!

Mentale Filter

Am besten hinterfragst du deine negative Sicht auf die Dinge, indem du jeden Tag drei positive Dinge aufschreibst, die an diesem Tag passiert sind. Wenn du mit Leuten sprichst, achte verstärkt auf positive Kommentare. Stellst du fest, dass du dir wegen einer Bemerkung anderer Sorgen machst, überprüfe, ob du nicht doch etwas Positives überhört hast.

Positives ausblenden

Wenn merkst, dass du positive Aspekte ausblendest und dir selbst sagst, dass das, was du geleistet hast, nicht weiter zählt – stopp! Hör sofort auf und klopfe dir selbst auf die Schulter. Suche dir jemanden, mit dem du darüber sprechen kannst, was dir gelungen ist. Sage zum Beispiel: «Ich bin wirklich zufrieden damit, dass ich mich in der Diskussionsrunde zu Wort gemeldet habe.»

Emotionales Argumentieren und Etikettieren

Du nennst dich selbst «Vollidiot» oder «Versager»? Was meinst du *wirklich* damit? Was macht jemanden zum Versager? Zugegeben, man kann *bei* etwas, etwa bei einer Prüfung, versagen. Doch selbst das macht einen nicht insgesamt zum Versager. Ein Misserfolg schmälert das Positive nicht.

Die Übung «großes I, kleines I» (Abbildung 4) kann für dich nützlich sein. Zeichne die Umrisse eines «I» (für «Ich») und fülle das große «I» mit lauter kleinen «i»s. Letztere stehen für verschiedene Teile deiner Persönlichkeit, beispielsweise: «Ich bin nett», «Ich kann gut kochen», «Ich habe einen guten Sinn für Humor».

Personalisierung und Schuldzuweisung

Glaubst du oft, dass die Schuld ganz allein bei dir liegt? Dann zeichne eine «Verantwortungstorte» und schneide sie in kleine Stücke. Denke an die Faktoren, die zu der fraglichen Situation geführt haben. Wie viele Menschen oder Umstände waren daran beteiligt? Das «Aufschneiden» wird dir zeigen, dass du nur ein «kleines Stück vom Kuchen» bist, mit anderen

Angstfreies Denken 43

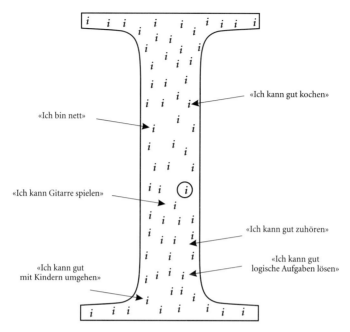

Abbildung 4. Ein großes «I» und viele kleine «i»s

Worten, ein kleiner Teil eines viel größeren Systems. Übernimm nur die Verantwortung für dein «Stück», lerne daraus für die Zukunft und sprich mit anderen über deren Anteil am Geschehen.

Wenn du eruiert hast, wer welchen Anteil hatte, verbinde jedes Tortenstück mit einem geschätzten Prozentsatz und «schneide» die Stücke dementsprechend in verschiedene Größen.

Dazu einige wichtige Fragen, die du dir stellen solltest:

Wie genau ist die Situation?

«Ich bin ängstlich und fühle mich schuldig, weil mein Chef wegen meiner Verspätung bei einem Kundentermin verärgert war. Ich habe ihm erklärt, dass ich im Stau gestanden habe. Trotzdem habe ich das Gefühl, ihn im Stich gelassen zu haben.»

Was hast du versucht?

«Ich habe versucht, ihn mit meinem Handy anzurufen, erreichte aber nur seine Mailbox. Ich habe versucht, eine Kollegin anzurufen, aber sie ist nicht ans Telefon gegangen. Ich habe die Firma erreicht, die wir besuchen wollten, und habe am Empfang eine Nachricht hinterlassen.»

Welchen Anteil hattest du deiner Meinung nach an der misslichen Situation?

«Ich hätte ein bisschen mehr Zeit für die Fahrt einplanen können.»

Ich = 30 Prozent

Welchen Anteil hatten andere Leute oder Umstände?

«Mein Chef hat das Treffen verlegt, so dass ich andere Termine vorziehen musste. Er hat sich nicht mit mir abgesprochen, sondern nur eine Nachricht auf meiner Mailbox hinterlassen. Er hat nicht nachgefragt, ob mir die Verlegung passt.»

Chef = 30 Prozent

«Es gab ein unerwartetes Problem mit einem umgekippten LKW, deshalb kam es zu einem Stau.»

Verkehrsstau = 40 Prozent

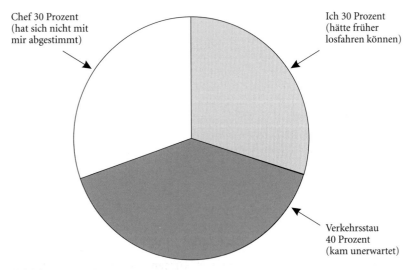

Abbildung 5. «Verantwortungstorte»

Katastrophendenken

Versuche dir bewusst zu werden, dass du emotionale Begriffe benutzt und neutralisiere sie so weit wie möglich. Nicht alles muss gleich «total schrecklich», «katastrophal» oder «ein Albtraum» sein. Das soll nicht heißen, dass eine Situation nicht «schwierig», «schwer erträglich» oder «schmerzlich» ist. Wähle eine Ausdrucksweise, die der Situation tatsächlich angemessen ist. Frage dich: «Was ist das Schlimmste, was wirklich geschehen kann?»

Lebensregeln

Viele Menschen haben eine schlechte Meinung über sich selbst. Du hältst dich für nutzlos, dumm, nicht liebenswert oder unattraktiv. Diese Überzeugungen prägen dein Verhalten im Alltag. Sie können als «Regeln» bezeichnet werden, nach denen wir unser Leben ausrichten.

Ein Beispiel für eine solche Lebensregel: Du hältst dich selbst für einen «Versager» und verbringst dein Leben vor allem damit, Situationen zu vermeiden, die dich als solchen outen könnten. Du lebst in ständiger Furcht vor Entdeckung und deutest die leiseste Kritik von anderen als Gefahr, bloßgestellt zu werden. «Meine Freunde sagen mir, ich solle endlich um eine Beförderung bitten. Aber wenn ich das tue, wird mein Chef herausfinden, dass ich im Grunde nichts drauf habe. Alle werden merken, dass ich in Wahrheit ein Versager bin.» Du könntest aufgeben, für den Rest deines Lebens frustriert sein und jeden Versuch einer Veränderung unterlassen, weil du als Versager damit ohnehin keinen Erfolg hättest.

Menschen, deren Lebensregeln sich darum drehen, alles immer gut machen zu müssen, um die Überzeugung abzuwehren, in Wirklichkeit Versager zu sein, neigen dazu, nur mit sich zufrieden zu sein, wenn sie tatsächlich Höchstleistungen vollbringen. Es ist eine Frage des (subjektiven) Standards: Wenn du glaubst, in irgendeinem Bereich ein Defizit zu besitzen, hältst du dich für einen wertlosen Menschen.

Wer die Angst zu versagen nur verdrängen kann, wenn er bestimmte Situationen strikt vermeidet, kann enorme Angst entwickeln, wenn er mit einer Situation konfrontiert ist, in der er sich in irgendeiner Weise beweisen muss. Manche meinen, so schlechte Menschen zu sein, dass andere, wenn sie sie wirklich kennenlernen würden, sie nicht mehr mögen würden. Sie sind überzeugt, dass sie, falls andere ihnen hinter die Fassade blicken könnten, als Betrüger entlarvt würden. Du siehst wie wichtig es ist, die eigenen Grundüberzeugungen zu kennen! Nur auf ihrer Grundlage lassen sich die in diesem Buch beschriebenen Gegenmaßnahmen realisieren und positivere Selbstbilder entwickeln.

Deine Überzeugungen über dich selbst, andere Menschen und die Welt sind durch Botschaften geprägt, die aus drei verschiedenen Quellen stammen:

- Familie
- Freundeskreis
- Umwelt.

Egal, wie groß deine Motivation ist – es dauert seine Zeit, um die eigenen Überzeugungen zu verändern. Schließlich dauerte es auch lange, dich soweit zu bringen, auf eine ganz bestimmte Weise zu denken.

Ansprüche, die die Angst verstärken können

Es gibt drei Arten von Ansprüchen, die wir in Form von Soll/Muss-Gedanken an uns stellen. Diese sind:

Ansprüche an uns selbst – zum Beispiel: «Ich muss immer alles richtig machen» (führt zu Stress, Angst, Scham und Schuldgefühlen).

Ansprüche an andere – zum Beispiel: «Du musst dich so verhalten, wie ich es von dir erwarte» (führt zu Groll und Wut).

Ansprüche an die Welt – zum Beispiel: «Die Welt soll fair und gerecht sein» (führt zu Selbstmitleid, Suchtverhalten und Depression).
    Um das eigene Soll/Muss-Denken und die Überzeugungen, auf denen es beruht, besser zu erkennen, lege eine persönliche «Ich muss, sonst...»-Liste an. Diese könnte wie folgt aussehen:

Ansprüche an mich selbst
Ich muss ___, sonst ___.
Beispiel: «Ich muss stark und tüchtig sein, sonst bin ich ein Versager.»

Ansprüche an andere
Du musst ___, sonst ___.
Beispiel: «Du musst mit mir einer Meinung sein, sonst hätte ich Unrecht, und das wäre schrecklich.»

Ansprüche an die Welt
Die Welt muss ___, sonst ___.

Beispiel: «Die Welt muss mich gut behandeln, wenn ich hart arbeite und mein Bestes gebe. Sonst wäre das unfair.»
Hast du erkannt, welche Ansprüche du an dich selbst, an andere und an die Welt stellst? Dann ist es an der Zeit, diese zu hinterfragen. Geh dabei genauso vor wie beim Hinterfragen deiner automatischen negativen Gedanken.

Ansprüche hinterfragen

Du kannst Ansprüche folgendermaßen hinterfragen:

- Welche Auswirkungen haben deine Ansprüche auf dich und die Menschen in deinem Umfeld?
- Woran erkennst du, dass du beginnst, in Ansprüchen zu denken (an welchen Gedanken, Gefühlen und Verhaltensweisen)?
- Wie kam es zu den Ansprüchen? Aus welchen Lebenserfahrungen speisen sie sich?
- Welches sind die Vor- und Nachteile, wenn du an deinen Ansprüchen festhältst?
- Kannst du deine Ansprüche neu formulieren, so dass sie zu deinem jetzigen Leben passen?
- Wie kannst du deine neuen Ansprüche praktisch umsetzen?

Was, wenn ich einen Anspruch vermute, ihn aber nicht identifizieren kann?

Vielleicht sagst du manchmal: «Das wäre schrecklich!» oder «Das geht doch gar nicht!». Auf den ersten Blick scheinen solche Aussagen Ausdruck einer Kernüberzeugung zu sein. Eine Situation kann bei dir ein starkes Gefühl auslösen, und du fühlst dich unzufrieden. Auch wenn du deine negativen automatischen Gedanken erkannt und hinterfragt hast.
Stell dir in solchen Fällen vor, du wärst an einer archäologischen Ausgrabung. Statt Pinsel und ähnliches sind deine Werkzeuge Fragen – mit ihnen kannst du Schritt für Schritt deine Kernüberzeugungen freilegen. Versuche, deinen aktuellen Gedanken am Anfang einer langen Kette zu sehen, an deren Ende deine Kernüberzeugung hängt. Erst wenn du suk-

zessiv jedes Bindeglied identifiziert hast, gelangst du zum Ende der Kette, zur Kernüberzeugung.

Ein Beispiel:

Situation: Dir wird die Versetzung in eine neue Zweigstelle angeboten. Dort könntest du in absehbarer Zeit eine Führungsposition übernehmen. Du lehnst sofort ab.

Gefühl: Angst.

Gedanke: Das würde ich sowieso nicht schaffen.

1 Frage dich: Was macht mir an der neuen Stelle Angst?
  Antwort: Ich würde es nicht schaffen.
2 Frage dich: Angenommen, das stimmt. Was würde das bedeuten?
  Antwort: Die Leute würden mich für dumm halten.
3 Frage dich: Wenn mich die Leute für dumm halten würden, was würde das bedeuten?
  Antwort: Die Leute würden mich auslachen.
4 Frage dich: Und wenn sie mich auslachen würden?
  Antwort: Das wäre schrecklich.
5 Frage dich: Was wäre schrecklich?
  Antwort: Sie würden mich für unfähig halten.
6 Frage dich: Was, wenn sie mich für unfähig halten würden?
  Antwort: Sie würden merken, wie dumm ich bin. Deshalb möchte ich die Stelle lieber nicht annehmen.
7 Frage dich: Was bedeutet es also, die neue Stelle abzulehnen?
  Antwort: Ich darf kein Risiko eingehen. Sonst merken die Leute, dass ich ein Versager bin.

Am Ende steht deine Kernüberzeugung – in diesem Fall: «Ich darf kein Risiko eingehen. Sonst lachen die anderen über mich und merken, dass ich ein Versager bin.»

Zusammenfassung

Welche Rolle spielt das negative Denken in deinem Leben? Hier ist eine Möglichkeit, das herauszufinden: Mache dir das Verhältnis zwischen automatischen Gedanken, Ansprüchen/Lebensregeln und Kernüberzeugungen bewusst.

Kernüberzeugungen sind Schlussfolgerungen über deine eigene Persönlichkeit, etwa die Annahme, du seiest grundschlecht, nichtsnutzig oder ein Versager. Automatische Gedanken sind situationsbedingt. Ein Beispiel dazu: Du wirst gefragt, etwas zu tun, was du eigentlich nicht tun möchtest. Dennoch denkst du: «Ich sollte tun, was mein Freund will.» Ansprüche können auch als «Wenn/Dann»-Regeln bezeichnet werden, etwa: «Wenn ich immer alles richtig mache, dann werden die Menschen gut von mir denken.» Kernüberzeugungen sind absolutistisch, wie: «Ich habe die Beförderung nicht bekommen – das heißt: Ich bin ein Versager.»

Ein einfaches Drei-Phasen-Modell kann diese Zusammenhänge veranschaulichen (siehe Abbildung 6).

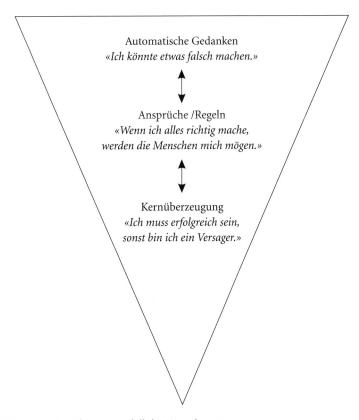

Abbildung 6. Drei-Phasen-Modell der Kernüberzeugungen

Lerne, dich selbst zu akzeptieren

Die folgenden Tipps beruhen auf den Prinzipien der Rational-Emotiven Verhaltenstherapie (REVT). Es sind praktische Vorschläge, wie du beginnen kannst, dich selbst zu akzeptieren. Das Ziel ist, dass du dich selber magst. Dafür musst du dich erst selbst akzeptieren. Der Weg dorthin ist hart; du musst lernen, all deine Macken und Fehler zu schätzen. Doch am Ende wirst du belohnt: Deine Angst verringert sich und dein Selbstvertrauen wird gestärkt.

Praktische Tipps – dich selber mögen

- Niemand ist perfekt! Kein Mensch auf der ganzen Welt macht immer alles richtig, verhält sich immer korrekt, ist zu allem fähig und in jeder Situation stark. Wenn du dein Leben lang an Perfektion glaubst, wirst du immer wieder enttäuscht, unglücklich, gestresst, ängstlich und deprimiert sein. Natürlich ist nichts falsch daran, etwas gut machen und ein guter Mitarbeiter, Schüler, Elternteil, Partner oder Freund sein zu wollen. Setze dir ruhig hohe, realistische Ziele – aber keine unmöglich zu erfüllenden Perfektionsansprüche.

- Alle Menschen sind gleich, unabhängig von ihren Fähigkeiten. Wenn jemand mehr Talent oder ein größeres Wissen hat, ist er nicht automatisch ein *besserer Mensch* als du. Warum vergleichst du dich dauernd mit anderen? Stopp! Das führt nur zu Angst, Groll oder Enttäuschung. Jemanden zu bewundern kann hingegen produktiv sein, wenn du daraus für dein eigenes Verhalten etwas lernen kannst. Vergiss nicht: Bewunderung und Vergleich sind aber zwei verschiedene Paar Schuhe!

- Es gibt keine globale Werteskala zur Beurteilung von Menschen. Niemand ist ganz und gar gut oder von Grund auf schlecht. Gute Menschen tun manchmal schlechte Dinge und schlechte Menschen tun manchmal auch Gutes. Hast du dich in einer Situation nicht ganz «astrein» benommen, versuche, die Sache wieder ins Lot zu bringen: Entschuldige und erkläre dich. Überlege, wie du es wieder gut machen kannst. Dass du etwas zu bedauern oder zu bereuen hast, macht dich nicht zu einem schlechten Menschen – eine gute Tat macht dich genauso wenig zum Heiligen. Wenn du dich und/oder andere stets durch die «Alles oder nichts»-Brille siehst, erzeugst du nur einen völlig unnötigen Druck.

- Eine unzulässige Verallgemeinerung (siehe Seite 37) ist, wenn du einen

Aspekt deines eigenen Verhaltens überbetonst (zum Beispiel: «Weil ich mich ängstlich fühle, bin ich ein schwacher Mensch»). Willst du deine Angst besiegen? Dann hör auf, aufgrund eines *Teils* deines Verhaltens ein Urteil über das *Ganze* zu fällen (zum Beispiel: «Ich hatte Angst, aber ich habe es trotzdem geschafft, das Nötige zu tun»). Rücke die Dinge in die richtige Perspektive, sonst verschwendest du bloß Zeit und Energie. Selbstbewusste Menschen suchen nach praktischen Lösungen.

- Arbeite daran, Formulierungen wie «Ich sollte» und «Ich müsste» ganz aus deinem Denken zu verbannen. Sie verleiten dich nur dazu, dich selbst unter Vorbehalt zu sehen. Sie aus dem eigenen Denkvokabular zu streichen, heißt nicht, sich vor jeglicher Verantwortung zu drücken. Es heißt nur, dass du damit aufhörst, dich ständig selbst runter zu machen.

- Vergiss nie: Selbstakzeptanz ist harte Arbeit! Es ist ganz viel Energie, Einsatz und beharrliche Arbeit nötig, um sie zu verwirklichen.

Denke daran:

- Lerne, dich selbst zu respektieren – du bist genauso wertvoll wie jeder andere Mensch.

- Pflege einen Lebensstil, der deine Gesundheit unterstützt. Es ist sinnlos, wenn du dich durch zu viel Arbeit oder eine ungesunde Lebensführung krank machst. Damit verstärkst du nur deine Angst. Anregend wirkende, koffeinhaltige Produkte erhöhen mit großer Wahrscheinlichkeit deine Anfälligkeit für Angstgefühle. Wie bei der Beschreibung der Stressreaktion angesprochen, produzieren Menschen, die zu Ängstlichkeit neigen, in bestimmten Situationen verstärkt Adrenalin. Stimulanzien wie Koffein können dazu beitragen, die Produktion von Adrenalin noch weiter anzukurbeln.

- Ein ungemein wichtiger Faktor sind unterstützende Beziehungen: Liebe und Zuwendung. Ziel ist, eine ganze Bandbreite unterschiedlichster Beziehungen zu führen. Arbeite immer daran, hege und pflege sie – wie du es bei Pflanzen tun würdest. Die Investition in Freundschaft zahlt sich doppelt und dreifach aus!

- Setze dir Ziele, die dein Leben verbessern und deine Angst mindern. Führe eine jährliche «Lebens-Inspektion» durch und entwickle daraus deine Ziele für das folgende Jahr. Was willst du verändern? Wie kannst du dies umsetzen? Die Veränderungen und die damit einhergehende Selbsterkenntnis tragen zur Entwicklung neuer Fähigkeiten bei und stärken dein Selbstvertrauen.

- Veränderungen geschehen nicht über Nacht. Bleibe dran – höre nicht auf, deine negativen Überzeugungen zu bekämpfen! Ich weiß, ich sage das nicht zum ersten Mal. Aber es kann gar nicht oft genug betont werden.
- Gönne dir etwas – du bist es wert! Lerne, dich selbst zu verwöhnen. Du verwöhnst sicher andere nach Strich und Faden – warum nicht auch dich selbst?
- Du musst die Verantwortung für dein Leben selbst übernehmen. Es ist einfach, anderen für missliche Situationen die Schuld zu geben. Oder dem Schicksal. Wie übel es auch aussieht – du hast immer eine Wahl. Wenn du in der «Opferrolle» verharrst, machst du es dir zu leicht. Manchmal musst du dir einen, wie ich es nenne, «therapeutischen Tritt in den Hintern» geben: Wenn etwas schief geht, verstecke deine Gefühle nicht, drücke sie aus und suche dir Hilfe. Es nützt nichts, dich selbst zu bemitleiden. Zwischen Selbstmitleid und Selbsthilfe besteht ein großer Unterschied.

Frage dich selbst: Warum verharrst du in einem gewissen Verhalten? Ziehst du daraus tatsächlich einen Gewinn? Wenn du beispielsweise andere Menschen Entscheidungen für dich treffen lässt, kommst du darum herum, dich selbst damit auseinandersetzen zu müssen. Du umgehst, dich eventuell falsch zu entschieden, und kannst immer den anderen die Schuld an dem Ergebnis zuschieben.

Sich selbst wertschätzen

Hat dein Selbstvertrauen zu viele Risse, kann es dir schwerfallen, deine guten Seiten zu bestimmen und wertzuschätzen. Blättere noch einmal zu Seite 43 zurück und fülle, falls du dies bisher noch nicht getan hast, die Übung mit dem einen großen «I» und den vielen kleinen «i»s aus. Brauchst du dabei Hilfe, stelle dir die folgenden Fragen:

- Was kann ich?
- Was mag ich an mir?
- Was habe ich im Leben gelernt?
- Wie würde jemand anderes mich beschreiben?
- Wie kann ich dafür sorgen, dass meine Fähigkeiten sich tatsächlich entfalten? Was könnte dem im Wege stehen?

Die «Lebensinspektion»

Die «Lebensinspektion» ist eine Technik, die dir hilft herauszufinden, welche Bereiche in deinem Leben von einer Veränderung profitieren könnten. Führe die Inspektion einmal jährlich durch, mit vierteljährlichen Mini-Inspektionen, die deinen Fortschritt überwachen.

Die «Lebensinspektion» ist eine Möglichkeit zu erkennen, womit du in deinem Leben zufrieden bist, wovon du mehr haben möchtest oder womit du besser aufhören solltest.

Übung

Schreibe auf, was dir in den folgenden acht Bereichen deines Lebens gefällt oder nicht gefällt:
- Lebensumfeld (zum Beispiel Wohnung, Haus, Gegend)
- Familie (zum Beispiel Herkunftsfamilie, Kinder)
- Persönliche Beziehung(en) (zum Beispiel Partnerschaft)
- Soziales Leben (zum Beispiel Freundschaften, Hobbys, Unternehmungen)
- Arbeit/Beruf (zum Beispiel derzeitiger Job, zukünftige berufliche Entwicklung)
- Finanzen (zum Beispiel Budget, Ersparnisse, Renten, Investitionen)
- Gesundheit (zum Beispiel Ernährung, Sport, Stress-Management)
- Seele/Geist (zum Beispiel Sinnsuche, Spirituelles).

Beispiel: Auszug aus einer «Lebensinspektion»

Arbeit/Beruf

Positiv	Negativ
Meine Kollegen	Immer die gleichen Aufgaben
Kurze Anfahrt	Melde mich bei wöchentlichen Besprechungen nicht zu Wort.
Schönes Büro	

Was hast du negativ vermerkt? Was kannst du tun, um die Situation positiv zu verändern? Gemäß Forschung wirst du deine Pläne mit sehr viel größerer Wahrscheinlichkeit umsetzen, wenn du sie schriftlich festhältst.

Der erste Schritt ist die Inspektion selbst. Der zweite Schritt besteht darin, die Lebensbereiche, die du verändern willst, auch wirklich anzugehen. Es macht wenig Sinn zu ergründen, was du magst und was nicht, wenn du nicht bereit bist, aktiv zu werden. Menschen, die zu Angst neigen, lassen das Leben allzu oft einfach geschehen. Sie entwickeln das Gefühl, dass sie über das, was sie tun, wenig Kontrolle haben. Die «Lebensinspektion» bietet dir die Möglichkeit, diese Kontrolle zu übernehmen.

Arbeit/Beruf

Negativ	Aktionsplan
Melde mich bei wöchentlichen Besprechungen nicht zu Wort	Daran denken, bevor ich in das Treffen gehe, damit ich meine Kommentare im Voraus gut vorbereiten kann.

Aktionspläne

Ablenkung

Wenn du zum Grübeln neigst oder dich von negativen Gedanken kaum lösen kannst, ist Ablenkung das A und O. Durch Ablenkung richtest du deine Aufmerksamkeit gezielt auf etwas anderes. Wenn sie nicht mehr im Mittelpunkt deiner Wahrnehmung stehen, lassen die Symptome erfahrungsgemäß häufig nach. Hast du schon einmal erlebt, dass du dich besser gefühlt hast, weil du beschlossen hast, an etwas ganz anderes zu denken?

Es gibt drei Arten von Ablenkung:
1. Bewusste Aufmerksamkeit darauf, was um dich herum geschieht – versuche, das Alter der Menschen im Raum zu erraten, lausche den Gesprächen anderer Leute oder zähle alle runden Gegenstände im Raum.
2. Körperliche Aktivitäten – versuche es mit Putzen, Aufräumen oder dem Erledigen anderer Aufgaben.
3. Geistige Aktivitäten – repetiere deinen Stundenplan, sage das Alphabet rückwärts auf oder löse ein Kreuzworträtsel.

Angstfreie Gefühle

Steigere deine emotionale Intelligenz

Emotionale Intelligenz bezeichnet die Fähigkeit, sich emotional klug zu verhalten. Es ist nicht immer die Person mit dem höchsten IQ, die dabei am besten abschneidet. Emotional kluge Menschen gehen bewusst mit eigenen und fremden Emotionen um. Wenn du dies erlernst, wirst du deine Angst leichter überwinden.

Es gibt fünf Hauptfähigkeiten der emotionalen Intelligenz, die in den folgenden Abschnitten genauer beschrieben werden.

Gefühle benennen

Emotional kluge Menschen können ihre eigenen Gefühle genau erkennen. Mit anderen Worten, sie können anderen Menschen mitteilen, wie sie sich fühlen. Sobald du Sätze mit «Ich fühle» beginnst, übernimmst du Verantwortung für die eigenen Gefühle.

Übung

Gefühle benennen

1. Schau dir die unten aufgelisteten positiven und negativen Wörter an. Kreuze die Wörter an, die dich deiner Meinung nach am besten beschreiben.
2. Warum hast du diese Wörter gewählt?
3. Was müsstest du tun, um die negativen in positive Wörter umzuwandeln?

positiv	negativ
einfühlsam	wütend
liebevoll	ängstlich
glücklich	eifersüchtig
fröhlich	besitzergreifend
engagiert	reumütig
begeistert	missgünstig

Bewusst mit den eigenen Gefühlen umgehen

Gefühle können belastend sein. Emotional kluge Menschen wissen, wann sie sich auf sich selbst konzentrieren und für sich sorgen müssen. Ein Beispiel: Du hattest einen anstrengenden Tag. Was könntest du tun, um dich zu entspannen? Lässt du dir ein heißes Bad ein, um dich zu entspannen? Kochst du dir etwas besonders Gutes? Besorgst du dir eine DVD und legst beim Anschauen des Films die Beine hoch? Es gibt Zeiten, in denen du dich um andere Menschen kümmern musst. Aber es gibt auch Zeiten, in denen du am besten nur für dich selbst da bist.

Übung

Für sich und andere sorgen

Schreibe je zwei Möglichkeiten auf, wie du für dich selbst und für andere da sein kannst (etwa ein heißes Bad nehmen, etwas Gutes essen, einen Freund anrufen, ein Gespräch anbieten).

Bewusst mit den Gefühlen anderer umgehen

Menschen, die zu Ängstlichkeit neigen, verbringen oft so viel Zeit damit, sich über das, was mit ihnen geschieht, Sorgen zu machen, dass sie ihre Umwelt kaum mehr wahrnehmen. Emotional kluge Menschen können die Gefühle anderer Menschen nachempfinden. Ein emotional kluger Mensch nutzt empathische Fähigkeiten (Empathie ist die Fähigkeit, sich vorzustellen, wie es sich anfühlen könnte, die Welt aus einer anderen Perspektive zu sehen) um zu überlegen, wie sich sein Gegenüber fühlen könnte. Ihm ist bewusst, dass dies zu einer befriedigenderen Beziehung beitragen kann. Ich will damit nicht sagen, dass sich zur Ängstlichkeit neigende Menschen gegenüber anderen nicht sensibel verhalten, ganz im Gegenteil. Aber sie haben oft den Kontakt zu den eigenen Bedürfnissen verloren.

Übung

Wie zeige ich anderen mein Verständnis?

Wähle einige Personen aus deinem Bekanntenkreis (oder, wenn es dir leichter fällt, Prominente aus Film und Fernsehen) und Situationen, in welchen du die Gefühle, die die Personen durchleben, nachempfinden kannst. Warum kannst du dich gerade in diese Menschen hineinversetzen? Schreibe dir die Gründe beim jeweiligen Namen auf.

Notiere dann, was du tun könntest, um anderen dein Verständnis zu zeigen (beispielsweise indem du ihnen deine volle Aufmerksamkeit schenkst oder bestimmte Dinge sagst.)

Lerne, dich selbst zu motivieren

Es gibt Zeiten, in denen uns starke Emotionen im Wege stehen. Es kann auch Zeiten geben, in denen es besser ist, die momentanen Bedürfnisse zugunsten zukünftiger Entwicklungen zurückzustellen. Manche Menschen sind so in ihren unmittelbaren Gefühlen befangen, dass sie die größeren Zusammenhänge vergessen. Gerade bei ängstlichen Menschen ist dies oft der Fall – leider aus Gründen der Angst und nicht einer Lebensstrategie.

Übung

Wann habe ich mich selbst oder andere motivieren können?

Denke an zwei Situationen, in denen du dich selbst oder andere motiviert hast. Fokussiere insbesondere auf Situationen, in denen starke Emotionen im Spiel waren. Wie bist du mit diesen Gefühlen umgegangen? Warum warst du in der Lage waren, die anstehenden Aufgaben zu bewältigen?

Situation I	Situation II
Was ist geschehen?	Was ist geschehen?
Was habe ich gemacht?	Was habe ich gemacht?

Gesunde Beziehungen

Das ganze Leben besteht aus Beziehungen. Es macht Sinn, sich über die Verhaltensweisen Gedanken zu machen, die zu glücklichen und förderlichen Beziehungen beitragen oder diese aber zerstören können.

> **Übung**
>
> **Positive Beziehungen entwickeln**
>
> Liste drei Möglichkeiten auf, wie du eine Freundschaft pflegen kannst (etwa regelmäßig anrufen, an Geburtstage und andere Ereignisse denken, nach Problemen fragen, gut zuhören).

Lernen, sich und andere wertzuschätzen

Wie fühlst du dich, wenn ich dich bitte:
a) fünf Dinge aufzulisten, die du besser machen könntest,
b) fünf Dinge aufzulisten, die du gut gemacht hast und mit denen du zufrieden bist?

Ich nehme an, die erste Frage war für dich leichter, die zweite dagegen schwerer zu beantworten. Die meisten Menschen haben keine Ahnung, wie viel Einfluss Lob und Wertschätzung ausüben können. Im Endeffekt gibt es nichts, das besser motivieren könnte.

Manche fürchten, durch Lob würden Bemühungen eher nachlassen. Dem ist nicht so: Es ist sehr gut dokumentiert, dass Kinder, die ständig kritisiert werden, mit großer Wahrscheinlichkeit ein schwaches Selbstvertrauen entwickeln. Sie hören eher auf, sich zu bemühen. Die Angst, etwas falsch zu machen, kann lähmend wirken.

Erfolg ermuntert zu weiteren Erfolgen. Immer wenn du etwas gut machst (oder jemand anderes etwas gut macht), ist dies ein Schritt hin zu einem angstfreien Leben.

Übung

Vergangenes Lob

Vervollständige in deinem Notizbuch folgende Sätze:
1. Das letzte Mal, dass ich mich selbst gelobt habe, war ...
2. Das letzte Mal, dass ich jemand anderen gelobt habe, war ...

Zukünftiges Lob

Denke an zwei Dinge, für die du dich selbst loben könntest, und vervollständige folgende Sätze:
Ich war mit mir zufrieden, als ich ...
Ich fand, es war gut von mir, dass ich ...

Übung

Mein Nachruf

Verfasse deinen eigenen Nachruf. Wie wünschst du dir, dass man sich an dich erinnert? Hier ist mein eigener, damit du siehst, wie er aussehen könnte:

«Sie lebte ihr Leben mit Begeisterung. Sie war für andere da, aber auch ihr eigenes Vergnügen kam nicht zu kurz. Sie traute sich, Schwieriges anzupacken, auch wenn sie Angst hatte. Sie wird in liebevoller Erinnerung bleiben.»

Welche Gefühle kamen beim Schreiben des Nachrufs in dir auf? Schau dir an, was du geschrieben hast, und überlege, ob du eventuell in deinem Leben noch etwas ändern müsstest, damit deine Worte wahr werden. Welche Veränderungen müsstest du angehen? Und was müsstest du tun, um sie praktisch umzusetzen?

Die Gefühle anderer Menschen

Wenn du die Gefühle anderer Menschen nachempfinden kannst, hast du einen großen Vorteil, wenn es darum geht, deren Einstellung zu dir zu beeinflussen.

Um die Gefühle anderer Menschen zu lesen, musst du:
1. Die Körpersprache be(ob)achten
Körpersprache und Tonfall verraten viel darüber, was jemand fühlt. Auch du setzt deine Körpersprache als Mittel der Kommunikation ein. Zu Ängstlichkeit neigende Menschen versuchen oft, sich zu verstecken – sie wenden den Blick ab, schauen auf den Boden oder versuchen, sich so klein wie möglich zu machen, in der Hoffnung, nicht bemerkt zu werden.
2. Auf die Wortwahl achten
Worauf kannst du bereits aus der Wortwahl schließen? Oft erhältst du bereits dadurch direkte Hinweise auf die vorherrschenden Gefühle (beispielsweise: «Ich habe Angst, das zu versuchen.»). Hinterfrage auch deine eigene Wortwahl. Welche Wirkung hat sie deiner Meinung nach? Was sagst du damit über dich selbst?
3. Empathie nutzen
Wie bereits erklärt, handelt es sich bei der Empathie um die Fähigkeit, sich vorstellen zu können, wie es wäre, in der Haut eines anderen Menschen zu stecken. Du kannst Empathie mit Sätzen wie: «Du klingst traurig», «Ich kann mir vorstellen, dass du wirklich Angst hattest», zum Ausdruck bringen.

Umgang mit starken Gefühlen

Starke Emotionen können verstörend wirken – sowohl für die Person, die sie verspürt, als auch für alle, die sie miterleben. Vielen Menschen ist es unangenehm, starke Gefühle zu zeigen oder mit Menschen zusammen zu sein, die solche Gefühle zum Ausdruck bringen.

Angst, Verzweiflung oder Wut können mit einer Wucht auftreten, die beängstigend wirkt. Zum Beispiel, wenn man von Angst geradezu überwältigt wird. Mit einer ängstlichen Person zusammen zu sein, kann für andere schwierig sein. Sie wissen nicht, wie sie reagieren sollen – entweder werden sie selber ängstlich oder sie ziehen sich zurück, weil sie den Kontakt als unangenehm empfinden.

Mit starken Emotionen umzugehen ist einfacher, wenn man sich bewusst dafür entscheidet, zu ihnen zu stehen. Gefühle, die unterdrückt und geleugnet werden, stauen sich leicht an. Irgendwann läuft das Fass über, die Unterdrückungsmechanismen funktionieren nicht mehr und es kommt zu einem plötzlichen Ausbruch.

Manche Menschen wiederum wollen ihre Emotionen überall und jederzeit zeigen. Auch ihnen mangelt es an emotionaler Intelligenz, da sie die Einstellung anderer zu sich dadurch beeinflussen, dass sie sich übermäßig dramatisch und emotional gebärden.

Natürlich gibt es Zeiten, in denen starke Emotionen verständlich sind, zum Beispiel wenn man gerade eine schlechte Nachricht bekommen hat oder sich gegen einen gewaltsamen Übergriff verteidigen muss.

Übung

Wann hattest du zum letzten Mal starke Gefühle?

Denk an das letzte Mal, als du starke Emotionen verspürt hast. Was ist geschehen? Was hast du gefühlt? Wie bist du mit deinen Gefühlen umgegangen? Was ist daraus geworden? Frage dich, ob du mit dem, was du getan hast, zufrieden bist. Was hättest du anders machen können? Beantworte schriftlich folgende Fragen:

Was genau ist geschehen?
Was habe ich damals gefühlt?
Was habe ich damals getan?
Zu welchem Ergebnis hat dies geführt?
Was hätte ich anders machen können?

Nichts vor sich herschieben!!!

Packe dein Leben bei den Hörnern! Deine Angst kannst du nur überwinden, wenn du die Aufgaben, die dir das Leben stellt, aktiv und direkt angehst. Erstelle eine Liste all der Dinge, die du bisher vor dich hergeschoben hast. Verschieben verschlimmert die Probleme. Je mehr du vor dir her schiebst, desto größer wird deine Angst. Ist die Liste lang und du kannst verständlicherweise nicht alles auf einmal anpacken: Es hilft, die einzelnen Aufgaben mithilfe einer Skala von 0 bis 10 nach ihrem Schwierigkeitsgrad einzuschätzen:

0 1 2 3 4 5 6 7 8 9 10
(0 = leicht, 10 = sehr schwer)

Beispiele:
Einen Volkshochschulkurs besuchen = 3
Einen Bericht für die Arbeit schreiben = 5
Einen Urlaub allein buchen = 7

Steht die Liste, beginne mit den Aufgaben, denen du 3 bis 7 Punkte gegeben hast. Alles, was mehr als 7 Punkte bekommen hat, könnte am Anfang noch zu schwierig sein, alles mit weniger als 3 Punkten wiederum zu leicht.

Vergiss nicht, dich immer für deine Fortschritte zu loben. Konzentriere dich auf das, was du geschafft *hast*, und halte dich nicht mit dem auf, was du noch hättest tun *sollen*. Auf diese Weise verlierst du dein Ziel nicht aus den Augen und kannst dich von deinen Erfolgen motivieren lassen.

Jeder hat einmal einen schlechten Tag, an dem er das Gefühl hat, nichts erreicht zu haben oder auf der Stelle zu treten. Indem du deine Erfolge schriftlich in deinem Notizbuch festhältst, hast du jederzeit ein genaues Protokoll des Erreichten zur Hand und kannst deinen Fortschritt realistisch einschätzen.

In Bewegung kommen

Bewegung ist nicht nur gut für den Körper, sondern auch für die Seele. Alle Forschungsergebnisse sprechen dafür, dass selbst leichte Übungen positive Wirkungen entfalten können. Schon ein paar Kilometer am Tag zu gehen und gezielt Treppen zu steigen kann einen großen Unterschied machen. Körperliche Bewegung vermindert nicht nur Stress, sie setzt auch körpereigene Substanzen frei, die die Stimmung heben und den Adrenalinspiegel senken, der aufgrund der Ängstlichkeit erhöht sein kann.

Schuldgefühle

Menschen, die zu Ängstlichkeit neigen, kämpfen häufig auch mit Schuldgefühlen. Wir sagen oft, wir würden uns schuldig *fühlen*, doch ist Schuld eigentlich weniger ein Gefühl als ein gedanklicher Prozess. Wenn du dich schuldig fühlst, hast du deiner Meinung nach:

- eine selbst gesetzte Regel gebrochen (zum Beispiel: «Ich muss immer nett sein und zuerst die Bedürfnisse anderer Menschen befriedigen.») oder

- du denkst nur an das Ergebnis dessen, was du angeblich getan oder nicht getan hast (zum Beispiel: «Ich hätte wissen müssen, dass er unglücklich sein würde.»).

Es geht also entweder um *Handlungen*, die du unternommen, oder *Entscheidungen*, die du getroffen hast – sowie um deren Folgen. Regeln sind Teil des moralischen Kodex, nach dem wir unser Leben ausrichten, während Folgen stärker damit zusammenhängen, was wir getan haben.

Es gibt Menschen, die glauben, schon allein deshalb schuldig zu sein, weil es sie gibt. Sie fühlen sich zwar schuldig, können aber nicht sagen, warum. Diese Menschen müssen ihr Denken über sich und die Welt unbedingt verändern, sonst werden die Schuldgefühle sie ein Leben lang begleiten.

Hast du einen Fehler gemacht, versuche, die Sache richtig zu stellen. Überlege, was du tun könntest, um die Situation wieder ins Lot zu bringen. Wenn du einfach in deinen Schuldgefühlen verharrst, ohne etwas dagegen zu unternehmen, hat das unangenehme Folgen: Du wirst wahrscheinlich Menschen, Orte und Aktivitäten vermeiden, die dich an das unangenehme Gefühl erinnern.

Du kannst Schuldgefühle aktiv angehen, indem du

– dich selbst fragst, warum du dich überhaupt schuldig fühlst

– überlegst, wie du dich verhalten würdest, wenn du dich in exakt der gleichen Situation befinden würdest

– hinterfragst, welche Kernüberzeugungen auf deine Lebensgestaltung Einfluss nehmen und ob es tatsächlich irgendeinem Menschen möglich ist, all diesen Kernüberzeugungen zu jeder Zeit gerecht zu werden

– dich daran erinnerst, dass auch guten Menschen schlechte Dinge passieren und auch gute Menschen manchmal schlechte Dinge tun

– deinen Denkstil auf wenig hilfreiche Gedanken (siehe Seite 32) abklopfst

– dir stets vor Augen hältst, dass du ein fehlbarer Mensch bist

– überlegst, ob du etwas tun könntest, um die Situation für andere zu verändern, und dies dann auch tust

– dich nicht vor der Welt versteckst, denn dadurch würde sich die Situation nicht verbessern und du vielmehr ein noch schlechteres Gefühl haben

– lernst, dir selbst zu vergeben und dich daran zu erinnerst, dass Vergebung eine aktive Problemlösung sein kann.

Gehe erneut die Übung mit dem großen «I» und den vielen kleinen «i's» auf Seite 43 durch und erinnere dich an deine positiven Seiten. Die «Verantwortungstorte» auf Seite 44 hilft dir außerdem herauszufinden, wer tatsächlich an einer bestimmten Situation «Schuld» ist.

Kosten/Nutzen-Analyse

Das eigene Verhalten zu verändern kann schwer sein, vor allem wenn es sich schon längere Zeit eingeschliffen hat. Eine Kosten/Nutzen-Analyse kann dir helfen, die Vor- und Nachteile einer bestimmten Verhaltensweise näher zu bestimmen.

Lege nach dem Vorbild des unten abgedruckten Beispiels eine eigene Kosten/Nutzen-Tabelle an. Schreibe alle Vorteile einer Verhaltensweise auf die rechte Seite. Alle (emotionalen und praktischen) Nachteile, die es hätte, wenn du so weitermachen würdest wie bisher, trägst du auf der linken Seite ein.

Kosten/Nutzen-Analyse/Beispiel
Name: Sally Furchtsam Datum: 6. April 2011
Situation: Damit ich nichts falsch mache, treffe ich am liebsten gar keine Entscheidungen.

Kosten	Nutzen
– Ich fühle mich ängstlich.	– Wenn ich keine Entscheidungen treffe, kann mir auch kein Fehler unterlaufen.
– Andere springen ein, und was sie entscheiden, gefällt mir nicht immer.	– Ich kann Auseinandersetzungen vermeiden.
– Ich fühle mich nutzlos und unfähig.	– Niemand kann mir böse sein.

Hast du beide Seiten ausgefüllt, kannst du überlegen, wie es nun weitergeht. Willst du dein Verhalten ändern, musst du überlegen, welche Schritte dafür nötig sind.

Durchsetzungsvermögen und selbstbewusstes Auftreten

Wer Durchsetzungsvermögen hat und selbstbewusst auftritt, trägt vor, was er möchte, und sagt, wie er sich fühlt. Er respektiert aber gleichzeitig die Bedürfnisse und Rechte anderer. Dieses Verhalten wird fälschlicherweise oft mit der «wir machen keine Gefangenen»-Einstellung irgendeiner Spezialeinheit verglichen. Das ist jedoch mitnichten der Fall! Wirklich bestimmt auftretende Menschen suchen stets nach der sogenannten «Win/Win»-Lösung, die allen Seiten Vorteile bringt, und übernehmen Verantwortung für ihre eigenen Handlungen. Selbstbewusstes Auftreten verbessert unsere Kommunikation. Die meisten Volkshochschulen bieten dazu Kurse an, an denen teilzunehmen sich sehr lohnen kann. Im nächsten Kapitel «Angstfreies Handeln» werden wir noch näher auf das Thema eingehen.

Gerade zu Ängstlichkeit neigende Menschen sind häufig passiv und haben, was ein selbstbewusstes Auftreten betrifft, Nachholbedarf.

Scham und Demütigung

Es ist möglich, dass du dich schämst, wenn du eine selbst gesetzte Regel gebrochen hast. Auch wenn du das Gefühl hast, andere quittieren dein Verhalten mit Stirnrunzeln, kannst du Scham empfinden. Erinnere dich, was ich im Abschnitt «Angstfreies Denken» über das Katastrophendenken gesagt habe. Du denkst wahrscheinlich, dein Verhalten sei «ganz schrecklich» gewesen. Solche Gefühle hängen oft mit Kritik an persönlichen Schwächen zusammen, beispielsweise: «Wenn die anderen merken würden, wie unentschlossen ich bin, wäre das ganz schrecklich. Was würden Sie von mir denken?»

Menschen, die Scham empfinden, neigen dazu, Menschen und Orte zu vermeiden, die sie an Ihre vermeintlichen Schwächen erinnern könnten.

Wenn du dich gedemütigt fühlst, bist du meist überzeugt, auf irgendeine Art und Weise an Status verloren zu haben. Das Gefühl ist eng mit Gedankenprozessen verbunden, die auch bei Scham und Schuld auftreten. Im Vordergrund steht die Sorge darüber, dass andere infolge deines Statusverlusts schlechter von dir denken könnten.

Umgang mit Scham und Demütigung

Frage dich selbst:

- Glaube ich wirklich, dass jemand schlechter von mir denkt, weil ich das getan habe? Falls ja, warum? (Setze die Techniken ein, die du im Abschnitt über «Angstfreies Denken» erlernt hast.)
- Würde ich von jemandem, der Ähnliches getan hat, schlechter denken?

Beantwortest du beide Fragen mit nein, gibt es keinen Grund, in Gefühlen der Scham und Demütigung zu verharren.

Umgang mit Sorgen

Viele Menschen machen sich über jeden Aspekt Ihres Lebens Sorgen. Angst basiert auf einem Gefühl der Sorge. Dinge können schief laufen und es wird Zeiten geben, in denen du dir berechtigte Sorgen machst, etwa weil sich deine Partnerin oder dein Partner einer wichtigen medizinischen Untersuchung unterziehen muss, deren Ergebnis ungewiss ist. Sorgen können als eine Art Vorstufe der Angst angesehen werden. Sie können übermächtig werden und zu einem extremen Angstgefühl führen.

Sich auf konstruktive Weise Sorgen machen

Bedenke Folgendes:

- 39 Prozent deiner Sorgen gelten Dingen, die niemals eintreten

- 32 Prozent deiner Sorgen beziehen sich auf Dinge, die längst geschehen sind

- 21 Prozent deiner Sorgen befassen sich mit belanglosen Kleinigkeiten

- 9 Prozent deiner Sorgen betreffen wichtige Themen, die einen legitimen Grund zur Besorgnis bilden.
  (Gesamtsumme 101 % durch Aufrundungen.)

Wenn wir ganz aufhören würden, uns Sorgen zu machen, wäre dies auch nicht hilfreich; ein gewisses Maß an Sorgen trägt mit dazu bei, dass wir uns besser fühlen.

Das Sorgen-Tagebuch

Unterteile ein Blatt in vier Abteilungen mit den folgenden Überschriften:

Meine Sorgen heute	
1. Besorgniserregende Dinge, die geschehen könnten Mein Zug könnte Verspätung haben. Ich könnte nicht genug Zeit haben, um meinen Bericht fertig zu bekommen.	**2. Unbedeutende Dinge** Ich könnte mir bei der Gartenarbeit einen Fingernagel brechen.
3. Dinge, die schon geschehen sind Ich musste einem Kollegen eine Bitte abschlagen, weil ich selbst bei der Arbeit unter so großem Druck stand.	**4. Wichtige Dinge** Terry und ich müssen über unsere Finanzen sprechen. Es sieht so aus, als wäre mein Alterssicherungsplan nicht so solide, wie ich dachte.

Die Punkte 1, 2 und 3 kannst du ruhig vor dem Zubettgehen ausfüllen. Für den Eintrag zu Punkt 4 solltest du jedoch eine Tageszeit wählen, zu der du erfahrungsgemäß am stärksten und zuversichtlichsten bist.

Was Punkt 4 betrifft, solltest du dir klar machen, dass du kein Problem löst, indem du dir Sorgen machst. Eine Lösung findest du nur, indem du aktiv wirst. Wenn du es partout nicht schaffst, eine Entscheidung zu treffen, kann diese automatisch erfolgen; auch wenn man nicht handelt, hat dies Folgen. Die Frage, die du dir stellen musst, ist, ob du die Sache – soweit möglich – in die Hand nehmen und unter Kontrolle behalten oder ob du die Dinge einfach geschehen lassen willst. Diese Wahlmöglichkeit gibt es *immer*.

Entspannung

Wenn du dich ängstlich fühlst, sind Entspannungsübungen nützlich. Wie wir gesehen haben, gibt es viele Formen der Entspannung. Einige erfordern körperliche Bewegung, andere nichts weiter als bewusstes Atmen oder Visualisieren.

Viele Entspannungsübungen setzen voraus, dass du Zeit hast, dich hinzulegen oder zumindest mit dem aufzuhören, womit du gerade beschäftigt bist. Die bereits am Anfang dieses Buch vorgestellte Atemübung kannst du überall und jederzeit durchführen, ohne dass jemand etwas davon mitbekommt. Die Übung kann deinen Angstgefühlen die Spitze nehmen und den negativen Auswirkungen der vermehrten Adrenalin-Ausschüttung entgegenwirken. Sie wird dir helfen, Ruhe zu bewahren und die Kontrolle zu behalten. Die äußerst flexibel einsetzbare Übung ist ein wahrer «Lebensretter»! Probiere es aus – je häufiger du sie anwendest, desto ruhiger wirst du dich fühlen.

Wenn wir ängstlich sind, neigen wir zu einer flachen Atmung. Dadurch erhält der Körper weniger Sauerstoff. Um den Mangel auszugleichen, sind wir versucht, schneller zu atmen. Dieser Zustand wird als «Hyperventilation» bezeichnet. Als Konsequenz fühlt man sich oft benommen, schwindelig oder fällt sogar in Ohnmacht. Dadurch verstärkt sich die Ängstlichkeit noch.

Hyperventilation

Hyperventilation bedeutet «übermäßiges Atmen». Wir kennen das alle: zum Beispiel, wenn wir schnell laufen, um einen gleich abfahrenden Zug noch zu erreichen, oder eine anstrengende sportliche Übung machen. Da wir dafür mehr Sauerstoff benötigen als unter normalen Umständen, ist es wichtig, dass wir schneller atmen. Bei Ängstlichkeit kann es jedoch zu einem übermäßigen Atmen ohne körperliche Ursache kommen. Gerät auf diese Weise zu viel Sauerstoff in den Blutkreislauf, bringt dies den Organismus durcheinander. Der Kohlendioxidspiegel sinkt, was nach neuesten Forschungserkenntnissen zu einem Zusammenziehen der Blutgefäße und dadurch wiederum zu Schwindel und Benommenheit führt. Die unangenehmen Symptome einer Hyperventilation können durchaus denen einer Panikattacke ähneln. Die «Lebensretter»-Atemübung hilft, der Hyperventilation vorzubeugen und ihre Auswirkungen abzumildern. Mit anderen Worten: Der Schlüssel zur Bekämpfung liegt im kontrollierten Atmen.

Manche Menschen haben immer eine Papiertüte bei sich – sie halten sich diese bei den ersten Anzeichen einer Hyperventilation vor das Gesicht. Das Ausatmen setzt Stickstoff frei, deshalb sinkt, wenn sie die Luft aus der Tüte erneut einatmen, der Sauerstoffgehalt im Blut, und die Symptome legen sich.

Übe täglich! Baue die Übung möglichst in deinen Alltag ein. Warum warten, bis ein Notfall eintritt?! Je häufiger du sie machst, umso zuverlässiger wirkt sie in kritischen Situationen. Wenn du dich erst einmal daran gewöhnt hast, wirst du feststellen, wie hilfreich dir diese Art des bewussten Atmens sein kann.

Visualisieren

Die neuere Forschung zeigt, dass positive Ereignisse, wenn man sie visualisiert, mit größerer Wahrscheinlichkeit auch eintreffen. Visualisierungstechniken eignen sich prächtig, um sich bewusst auf bestimmte Ereignisse vorzubereiten. Die folgende Übung zeigt dir, wie dies funktioniert. Auch hier gilt: Übung macht den Meister!

Übung

Wenn dir keine aktuelle oder zukünftige Situation einfällt, die dir Sorgen macht (wunderbar!), denke an ein Erlebnis aus der Vergangenheit.

- Erstelle eine Liste anhand folgender Kriterien: Unter welchen Menschen fühlst du dich unwohl? An welche Orte erinnerst du dich mit einem Schaudern? In welchen Situationen hast du dich mulmig gefühlt? Schätze mit Hilfe einer Skala von 0 bis 10 das Ausmaß deiner unangenehmen Gefühle ein (0 = kein Unbehagen, 10 = maximales Unbehagen).

- Wähle aus der fertigen Liste etwas aus, das nicht mehr als 7 Punkte bekommen hat. (Etwas mit höherer Punktzahl wäre zu schwierig, etwas mit geringerer Punktzahl zu einfach für diese Übung. Schließlich willst du eine Herausforderung meistern und dabei Erfolg haben. Der Schwierigkeitsgrad sollte deshalb angemessen sein.)

- Schließ deine Augen. Stelle dir dich selbst zu Beginn der Aufgabe vor. Nutze alle deine Sinne und vergegenwärtige dir die Anblicke, Geräusche und Gerüche. Stell dir vor, was du sagst und tust. Wie würden die anderen darauf reagieren? Nutze Bewältigungsstrategien wie bewusstes Atmen, Verankern und hilfreiche innere Dialoge, um die Situation gut zu bestehen.

- Gehe all diese Bilder zwei- oder dreimal ausführlich durch und schau sie dir genau an. Merke dir, wie du die fragliche Situation bewältigst. Möglicherweise reduziert sich deine Einschätzung des Schwierigkeitsgrads schon jetzt, obwohl du die Situation nur in deiner Fantasie durchgespielt hast. Dein Gehirn hat den Eindruck, du hättest tatsächlich ausgeführt, was du dir bisher nur vorgestellt hast. Führe die Übung mehrmals aus. Deine nächste Aufgabe besteht darin, die fragliche Situation auch tatsächlich anzugehen!

Wenn es dir schwer fällt, deine Fantasie einzusetzen, probiere die folgende Vorübung – damit trainierst du deine «Fantasiemuskeln»:

- Stell dir vor, du würdest den Nachthimmel betrachten.
- Wähle einen Stern aus und schau zu, wie er erst heller und dann immer schwächer wird. Wiederhole dies mehrmals.
- Schaue, ob du dem Stern auf seinem Weg über den Himmel folgen kannst.

Angstfreies Handeln

Graduelle Exposition

Willst du deine Angst überwinden, musst du dein Vermeidungsverhalten in Angriff nehmen. Wie bereits gesagt, neigen wir dazu, Menschen, Orten und Tätigkeiten aus dem Weg zu gehen, die Angst auslösen könnten. Auf den ersten Blick wirkt die Vermeidungsstrategie ganz vernünftig – wenn man sich in einer Situation unwohl fühlt, macht es Sinn, sich ihr lieber nicht auszusetzen. Wenn wir unseren Gefühlen in diesem Punkt nachgeben, gewinn die Angst jedoch an Macht. Während die Angst zunimmt, nimmt das freie, selbstbestimmte Leben ab. Nehmen wir als Beispiel eine Person, die sich in Menschenmengen unwohl fühlt. Sie beginnt, Räume voller Menschen zu vermeiden. Als Nächstes merkt sie, dass sie in der U-Bahn ängstlich wird. Die Person fährt von nun an nur noch mit dem Bus. Eines Tages wird ihr auch dies unangenehm, und ehe sie sich versieht, ist ihr Lebensradius stark eingeschränkt. Es kann sogar zu Agoraphobie kommen; die Person vermag ihr Zuhause überhaupt nicht mehr zu verlassen.

Vermeidungsverhalten kann viele Formen annehmen. Es kann auch dahinterstecken, wenn man sich bietende Gelegenheiten nicht wahrnimmt, Erledigungen vor sich herschiebt, sich mit Problemen nicht auseinandersetzt oder Einladungen ausschlägt.

Eine echte Chance, deine Angst zu besiegen, bietet die «graduelle Exposition». Diese Technik funktioniert folgendermaßen: Gut vorbereitet und der Schwierigkeiten bewusst, stellst du dich Situationen, die dir schwer fallen. Dabei wendest du eine Reihe von Bewältigungsstrategien an, die dir helfen, mit den dabei eventuell aufsteigenden Angstgefühlen umzugehen. Entsprechende Forschungsarbeiten haben gezeigt, dass die Angst, wenn man sich einer gefürchteten Situation stellt, zunächst einen Gipfel erreicht, später aber, wenn es einem gelingt, einige Zeit in der Situation auszuharren, wieder auf ein erträglicheres Maß absinkt. Wenn du jedoch weiterhin deinem Vermeidungsverhalten frönst, wirst du diese beruhigende Erfahrung leider niemals machen können.

Es gibt vier Phasen der graduellen Exposition:

Phase 1

Erstelle eine Liste aller Situationen, denen du tunlichst aus dem Weg gehst, weil sie dir Angst machen. Schätze dann mit Hilfe einer Skala von

0 bis 8 (0 = keine Angst, 8 = extreme Angst) jede der Situationen auf deiner Liste ein.

Phase 2

Ordne die Situationen auf deiner Liste nach dem eingeschätzten Schwierigkeitsgrad.

Phase 3

Du würdest sicher am liebsten mit der leichtesten Aufgabe auf deiner Liste beginnen. Ein guter Rat: Wähle eine Situation, der du 4 Punkte gegeben hast, dann funktioniert die graduelle Exposition erfahrungsgemäß am besten. Alles über 4 Punkten wäre zu schwer, alles mit weniger als 4 Punkten zu leicht für dich. 4 Punkte sind Herausforderung genug, um wirklich Nutzen aus der Übung zu ziehen, aber nicht so schwer, dass du überfordert wärst.

Phase 4

Jetzt wird geplant. Überlege, wie du deine Aufgabe am besten anpackst. Welche Bewältigungsstrategien (wie etwa Atmen, positive Aussagen, Ablenkung) hast du vor, einzusetzen? Wiederhole die Aufgabe so oft, dass du sie am Ende ohne Schwierigkeiten schaffst.
 Hast du es geschafft, gehe zur nächsten Situation auf deiner Liste über.
 Der Trick bei der graduellen Exposition besteht darin, dass du die jeweiligen Aufgaben immer wieder ausführst – du musst lang genug in der gefürchteten Situation ausharren, damit die Angst nachlassen kann.
 Manchmal stellt sich der Erfolg nur sehr langsam ein. Du hättest größte Lust, aufzugeben. Denk aber immer daran: Jeder noch so kleine Fortschritt bringt dich weiter. Aufgeben würde dagegen alles nur noch schlimmer machen, weil du dir dann sagen müsstest, du hättest es nicht geschafft. Selbst die kleinsten Schritte führen in die richtige Richtung. Unterschätze nicht, was du erreicht hast. Erkenne die eigene Leistung an, auch wenn sie dir noch so geringfügig erscheinen mag – dadurch stärkst du dein Selbstvertrauen. Sobald du merkst, dass du in alter Manier beginnst, das Erreichte mit Aussagen wie «Das würde doch jeder schaf-

fen» abzutun, sage dir sogleich: «Auch anderen würde dies schwer fallen, wenn sie mit den gleichen Angstgefühlen kämpfen müssten wie ich.»

Panikattacken

Panikattacken sind extrem weit verbreitet. Die dabei auftretenden Symptome können jedoch äußerst unterschiedlich sein. Während der eine schwitzt, kann der andere frieren. Deshalb gibt es einige allgemeine Richtlinien.

Panikattacken-Checkliste

Wenn vier oder mehr der folgenden Symptome auf dich zutreffen, bist du wahrscheinlich Opfer von Panikattacken. Du würdest in jedem Fall von therapeutischer Hilfe profitieren.
Beachte: Panikattacken sind unangenehm, aber nicht lebensgefährlich. Wie bei allen ungewöhnlichen körperlichen Symptomen ist es jedoch immer ratsam, ärztlichen Rat einzuholen.

Symptom	ja/nein
Herzklopfen, schneller Puls	
Schwitzen	
Zittern	
Kurzatmigkeit	
Erstickungsgefühl	
Brustschmerzen	
Übelkeit	
Benommenheit	
Das Gefühl, «neben sich zu stehen»	
Angst, zu sterben	
Frösteln und/oder starke Hitzewallungen	

Panikattacken in den Griff bekommen

Denk immer daran: Eine Panikattacke ist im Grunde nichts mehr als eine übertriebene Stressreaktion.

- Panikattacken sind unangenehm, aber ungefährlich.
- Finde heraus, welche negativen Gedanken dir durch den Kopf gehen, wenn du eine Panikattacke erlebst. Setze aktiv die auf den Seiten 50–52 beschriebenen, positiven Gedanken dagegen. Gibst du negativen Gedanken nach, wird die Situation nur noch schlimmer.
- Lass der Angst Zeit nachzulassen. Akzeptiere die Angst im Wissen, dass sie wieder vergehen wird.
- Versuche keinesfalls, deine Angst zu vermeiden – sie würde dadurch nur noch schlimmer werden. Sich der Angst zu stellen wird dir helfen, sie im Laufe der Zeit immer weiter zu reduzieren.
- Überlege, sobald es dir besser geht, was du als nächstes tun willst.
- Vergegenwärtige dir den Fortschritt, den du bei jeder bewussten Auseinandersetzung mit deinen Gefühlen machen wirst. Lobe dich dafür, dass du deine Angst aktiv angegangen bist.

Visualisierung

Dass Angst dazu verleitet, bestimmte Situationen möglichst zu vermeiden, haben wir bereits mehrfach erwähnt. Leider kann es dadurch im Leben der Betroffenen zu starken Einschränkungen kommen. Häufig erfordert es weit mehr als eine einfache Willensentscheidung, um das eigene Vermeidungsverhalten zu durchbrechen.

Der Versuch, sich dazu zu zwingen, sich in eine angstbesetzte Situation zu begeben, ohne irgendwelche mentalen Vorbereitungen zu treffen, könnte drastisch enden. Eine Person mit Klaustrophobie zum Beispiel, die schon zwei Jahre lang nicht mehr mit öffentlichen Verkehrsmitteln gefahren ist, könnte schon bei der Vorstellung, in eine U-Bahn zu steigen, Panikgefühle bekommen. Diese Gefühle würden auf der unten aufgeführten Skala von 0 bis 8 (0 = keine Panik, 8 = große Panik) bei 7 Punkten liegen.

Sehr viel effektiver ist es, sich mit Hilfe einer Visualisierungstechnik auf die Situation einzustimmen, um die Angst zu mindern. Auch Bewältigungsstrategien einzuüben, kann sich als hilfreich erweisen. Sind die Panikgefühle durch wiederholtes Üben auf 4 oder 5 Punkte abgesunken, könnte es an der Zeit sein, eine echte Fahrt mit einem öffentlichen Verkehrsmittel zu erwägen.

Eine Visualisierungstechnik beinhaltet, dass man sich selbst bei der Bewältigung einer Situation vorstellt, die normalerweise große Angst auslöst. Das folgende Beispiel soll dies anhand der U-Bahnfahrt verdeutlichen.

1. Schreibe als Erstes eine nach Schwierigkeitsgrad (0 bis 8) geordnete Liste angstbesetzter, mit der U-Bahn zusammenhängender Situationen.

    Beispiel: Michelles Liste
    Daran denken, in die U-Bahn-Station zu gehen = 3
    Ein Ticket kaufen = 4
    Auf dem Bahnsteig stehen = 5
    In eine U-Bahn steigen = 7
    In einem Tunnel feststecken = 8

2. Hast du deine Liste aufgestellt, wähle eine Situation aus, der du 4 oder 5 Punkte gegeben hast. (Alles darüber wäre für den Anfang zu schwierig, alles darunter nicht herausfordernd genug.)

    Michelle beschloss, daran zu denken, auf dem Bahnsteig zu stehen – eine Situation, der sie 5 Punkte gegeben hatte. Dann folgte sie der Anweisung zum Visualisieren.

3. Schließe deine Augen und stell dir vor, du stündest auf dem Bahnsteig. Setze all deine Sinne ein, um dir die Situation auf dem Bahnsteig, den Anblick der wartenden Menschen, die Geräusche und Gerüche zu vergegenwärtigen. Stell dir vor, wie die Züge aus dem Bahnhof ein- und ausfahren, und achte auf die Angst, die du dabei verspürst. Setze Bewältigungsstrategien wie Atmen, Verankern und positive Gedanken ein, um dich dazu zu bringen, bei der Vorstellung zu bleiben.

    Michelle hatte bereits gelernt, sich durch bewusstes Atmen zu entspannen, und eine angenehme Erinnerung mit einem Ring zu verbinden, den sie immer am Finger trug. Sie wusste, wie ihr Körper reagierte, wenn sie ängstlich war, wie es sich anfühlte, wenn sie mehr Adrenalin im Blut hatte, und dass ihre körperlichen Symptome völlig normal waren. Sie hatte sich auch einige hilfreiche positive Gedanken zurechtgelegt, etwa: «Es wird vorübergehen», «Es ist völlig okay, Angst zu haben», «Mir wird nichts geschehen», «Meine Angst wird nachlassen, wenn ich ihr genug Zeit gebe.»

4. Nutze deine Bewältigungsstrategien! Dadurch wird deine Angst mit großer Wahrscheinlichkeit bald nachlassen. Sobald sie auf deiner Skala von

0 bis 8 zuverlässig auf 3 gesunken ist, kannst du aus deiner Liste eine schwierigere Situation auswählen und auf die gleiche Weise angehen.

Michelle führte die Übung zwei Tage lang dreimal täglich durch, bis ihre Angst zuverlässig auf 3 gesunken war. Erst dann beschloss sie, zur nahegelegenen U-Bahn-Station zu gehen und die Übung in der Realität auszuführen.

Michelle stellte fest, dass es ihr gut gelang, sich auf einen Bahnsteig zu stellen und so lange dort auszuharren, bis ihre Angst nachließ. Obgleich diese anfangs bei 5 lag, dauerte es nicht lange, bis der Wert absank. Sie nutzte alle ihre eingeübten Bewältigungsstrategien und war sehr zufrieden mit dem, was sie erreicht hatte. Ihr Erfolg gab ihr das nötige Selbstvertrauen, um den Schwierigkeitsgrad zu steigern und zur nächstschwierigeren Aufgabe auf ihrer Liste überzugehen. Nach weiteren zehn Tagen regelmäßigen Übens konnte sie tatsächlich wieder mit der U-Bahn fahren.

Um aus der oben beschriebenen Technik den größtmöglichen Nutzen zu ziehen, musst du regelmäßig üben. Setze die zunächst nur in der Vorstellung durchgespielte Situation in die Realität um. Benutze in der Realität alle Bewältigungsstrategien, die du in deiner Vorstellung angewendet hast. Es ist wichtig, dass du große, zunächst unüberwindlich erscheinende Aufgaben in kleine, handhabbare Schritte unterteilst. Denn wenn du dir zu viel vornimmst, wird dich das nur belasten und die Gefahr zu scheitern vergrößern. Denke an die alte Maxime: «Erfolg macht erfolgreich.»

Medikamente

Die häufigsten Beruhigungsmittel sind valiumähnliche Medikamente, die sogenannten Benzodiazepine (auch die meisten Schlafmittel gehören in diese Kategorie). Sie wirken tatsächlich angstlösend, doch wissen wir heute, dass sie schon nach einer regelmäßigen Einnahmezeit von nur 4 Wochen abhängig machen können. Versucht man dann, sie abzusetzen, kann es zu unangenehmen Entzugserscheinungen kommen, die einige Zeit anhalten können. Aus dem Grund sollten diese Medikamente nur kurzfristig, etwa in einer akuten Krise, zum Einsatz kommen. Zur langfristigen Behandlung von Angstproblemen sind sie nicht geeignet.

Antidepressiva dagegen machen nicht abhängig und können sowohl gegen Depressionen als auch gegen Angststörungen wirken. Manche scheinen sogar eine besondere Wirkung auf ganz bestimmte Arten der Angst zu haben. Zu den Nachteilen gehört, dass es in der Regel 2 bis 4 Wochen dauert, bis die Wirkung einsetzt, und einige zu Benommenheit, Müdigkeit, Mundtrockenheit und Verstopfung führen können. Bei der Einnahme einer bestimmten Art von Antidepressiva, den Monoaminooxidase-Hemmern (MAO-Hemmern) müssen Ernährungsvorschriften eingehalten werden.

Problemlösung

Kannst du Probleme lösen, bekommst du deine Angst leichter in den Griff. Wie wir in Kapitel 3 gesehen haben, beeinflusst unser Denkstil unser ganzes Leben. Ein effektives Problemlöseverhalten bietet die Chance, neue Fähigkeiten zu erlernen, mit deren Hilfe sich Ängste überwinden lassen. Abbildung 7 zeigt ein Problemlösungsmodell, das aus sechs Stufen besteht.

Stufe 1: Das Problem erkennen

Überlege dir als Erstes, wo das Problem genau liegt. Es ist wichtig, dieses so genau wie möglich zu definieren.
Zwei Methoden können dabei hilfreich sein:

- Schreibe auf, was geschieht, wer daran beteiligt ist und was deiner Meinung nach schief läuft. Ein Beispiel: «*Situation*: Ich werde gebeten, einen Bericht zu erstellen. *Beteiligte Personen*: Zwei Kollegen und ich. *Was läuft schief?* Ich scheine nicht über die nötigen Informationen zu verfügen. Ich weiß nicht, wie ich sie bekommen soll.»

- Zeichne in die Mitte eines leeren Blattes einen Kreis. Das bist du. Notiere danach alle Einflüsse, die auf die Situation von außen oder von innen einwirken. Ein äußerer Einfluss wären beispielsweise die Informationen, die du zur Erstellung des Berichts brauchst, ein innerer Einfluss deine Unsicherheit darüber, wie du die Informationen präsentieren sollst.

Stufe 2: Ziele setzen

Hast du das Problem erkannt? Dann geht es weiter mit der Zielsetzung. Die Ziele sollten so konkret sein wie irgend möglich. «Ich will einen guten Bericht abgeben», ist viel zu allgemein. Eine bessere Alternative ist: «Ich

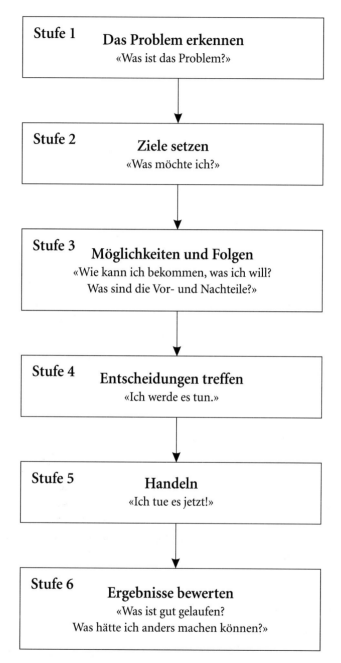

Abbildung 7. Die sechs Stufen des Problemlösungsmodells

will einen Bericht schreiben, der alle unserer Firma zur Verfügung stehenden Optionen abdeckt.» Diese Formulierung macht ganz klar, worauf du hinaus willst.

Versäume nicht zu checken, ob du deine Ziele auch wirklich erreichen kannst. Die Ziele müssen nicht nur möglichst konkret, sondern auch messbar und realistisch sein. Gehörst du zu den Menschen, die sich unrealistische Ziele setzen (in unserem Beispiel: «Ich will den besten Bericht schreiben. Ich werde niemanden um Hilfe bitten, obwohl ich längst nicht alles zu dem Thema weiß»)? Unrealistische Ziele wirken entmutigend und können dazu führen, dass du dich als Versager fühlst.

Schließlich musst du noch sicherstellen, dass die gesetzten Ziele relevant sind – und du musst dir ein Zeitlimit setzen. Willst du den Bericht in 24 Stunden, in drei Tagen oder in einer Woche schreiben?

Du kannst dir den Ablauf des Zielfindungsprozesses mit Hilfe des Akronyms SMART merken:

S pezifisch: Die Ziele sollten knapp und klar formuliert sein.
«Ich will einen Bericht schreiben, der alle uns offen stehenden Optionen einbezieht.»

M essbar: Du musst messen können, ob du das Ziel erreichen kannst.
«Ich werde alle relevanten Personen ansprechen, damit ich auch wirklich alle nötigen Informationen erhalte.»

A usführbar: Wie realistisch ist dein Ziel?
«Wenn ich die nächsten beiden Tage für die Recherche nutze, kann ich am dritten Tag einen ersten Entwurf schreiben und am vierten Tag die Endfassung fertigstellen.»

R elevant: Ist dein Ziel relevant?
«Für mein berufliches Fortkommen wird es hilfreich sein, einen guten Bericht zu schreiben, zumal dies das erste Mal ist, dass ich darum gebeten werde.»

T iming: Wie viel Zeit wende ich dafür auf?
«Ich werde den fertigen Bericht am Freitag abgeben. Dann habe ich noch einen Tag in Reserve, falls es unerwartete Schwierigkeiten geben sollte.»

Stufe 3: Möglichkeiten und Folgen

Möglichkeiten
Dein Ziel steht fest. Überlege nun, welche Möglichkeiten du hast, das Problem anzugehen. Welche Folgen sind damit verbunden?

Brainstorming

Brainstorming ist eine gute Methode, deine Optionen auszuweiten. Und so geht das:
1. Nimm ein Blatt Papier und schreibe ganz oben das Thema auf.
2. Gib dir zehn Minuten, um dir so viele Ideen wie möglich einfallen zu lassen. Beim Aufschreiben solltest du die Ideen nicht zensieren, auch wenn dir einige noch so weit hergeholt erscheinen. Achte in diesem Stadium auf Quantität, nicht auf Qualität.
3. Warte, bis dir nichts mehr einfällt. Erst dann schaust du dir an, was du aufgeschrieben hast. Überlege, was dir nützlich erscheint und was du außer Acht lassen willst.

Wer kann helfen?

Vielleicht kennst du Leute, die schon einmal in einer ähnlichen Situation steckten. Wie haben sie die Sache gelöst? Hat dein Problem mit der Arbeit zu tun, bietet deine Firma möglicherweise ein Coaching-Programm an. Ist dein Problem persönlicher Natur – frage doch eine Freundin beziehungsweise einen Freund oder eine sonstige Vertrauensperson um Rat.

Folgen

Sobald du geklärt hast, welche Möglichkeiten dir in deiner Situation zur Verfügung stehen, solltest du zu jeder das Pro und Kontra abwägen. Wie bei der an früherer Stelle beschriebenen Kosten/Nutzen-Analyse, erledigst du das am besten schriftlich.

Brainstorming ist ein gutes Werkzeug, um Konsequenzen einer bestimmten Handlung abzuschätzen. Aktiviere deine Vorstellungskraft und visualisiere die Umsetzung der verschiedenen Möglichkeiten. Auf diese Weise kannst du «sehen», welche Folgen diese jeweils hätten.

Stufe 4: Entscheidungen treffen

Für deinen Plan kommt vielleicht eine Vorgehensweise in Frage, vielleicht sind aber auch mehrere möglich. Wenn du dich nicht entscheiden kannst, könnte das mehrere Ursachen haben:

- Das Problem ist schlicht nicht zu lösen. Du kannst nur versuchen, so gut wie möglich damit umzugehen.
- Du brauchst mehr Informationen, um dich zu entscheiden.
- Du bist unentschlossen, welche Option du wählen sollst.

Empfindest du das Problem als unlösbar? Dann versuche, es anders zu formulieren. Du kannst es auch in kleinere Teilaufgaben unterteilen, die sich leichter in den Griff bekommen lassen. Fehlen dir Informationen, überleg dir, wie und wo du diese bekommen kannst.

Bei Entscheidungsschwierigkeiten zwischen mehreren Optionen ist es oft hilfreich, eine Freundin oder einen Freund um Rat zu bitten. Nutze eine Skala von 0 bis 10, um einzuschätzen, welche der Optionen mehr Vorteile hat als die anderen. Denke über jede einzelne Option nach. Versuche zu visualisieren, wie sich die Dinge entwickeln könnten, wenn du dich für diese Lösung entscheiden würdest.

Rückschläge verkraften

Auch wenn du das Pro und Kontra der verschiedenen Handlungsweisen sorgfältig abgewogen hast, könnte es sich als nützlich erweisen, einen

Dein persönlicher Plan B

Was könnte schiefgehen?	Wie kann ich darauf reagieren?
1. Ich habe eventuell zu wenig Zeit, um den Bericht zu schreiben.	1. Ich stelle einen genauen Zeitplan auf.
2. Ich könnte nicht an alle Informationen herankommen.	2. Ich mache eine grobe Gliederung und notiere zu jedem Punkt, wie und wo ich die dazu erforderlichen Informationen bekommen kann.
3. Meine Angstgefühle könnten mich überwältigen.	3. Wenn ich meine Atemtechnik einsetze und meine negativen Gedanken hinterfrage, werde ich meine Angstgefühle in den Griff bekommen.
4.	4.
5.	5.
6.	6.

«Plan B» auszuarbeiten. Was könntest du tun, falls sich die Lage anders entwickelt als gedacht? Nehmen wir beispielsweise den Fall, dass du einen Bericht schreiben musst. Frage dich: «Was könnte dazwischen kommen? Was könnte schiefgehen und wie würde ich darauf reagieren?» Das folgende Beispiel soll dir zur Veranschaulichung dienen. Bevor du aber damit beginnst, überlege dir mittels Brainstorming alle Probleme, die einen «Plan B» erforderlich machen könnten.

Einige Aktionspläne erfordern sicherlich zusätzliche Übung, etwa das Hinterfragen wenig hilfreicher Gedanken.

Stufe 5: Handeln

Sobald du dir über dein Vorgehen im Klaren bist, musst du sicherstellen, dass du mit allem ausgestattet bist, was du brauchst, um deinen Plan in die Tat umzusetzen. Notiere alle Handlungen mitsamt ihrem Ergebnis. Mit einem solchen Aktionsplan kannst du später alles abhaken, was du schon erledigt hast. Du siehst auf einen Blick, wie weit du gekommen bist, und kannst überlegen, wie weit sich deine Situation schon verändert hat. Manchen Menschen hilft es, im ganzen Haus – etwa im Büro, an der Haustür oder am Telefon – Erinnerungszettel oder Klebeschildchen zu verteilen. Diese Gedächtnisstützen erinnern dich an alles, was noch zu erledigen ist.

Beispiel
8. April 2011
1. John anrufen und ihn um eine Kopie des letzten Berichts bitten. Dann weiß ich, wie so ein Bericht aufgebaut ist, und kann mich beim Schreiben meines eigenen Berichts daran orientieren.
2. Atemübungen nicht vergessen! Sie helfen mir, ruhig zu bleiben.

Stufe 6: Ergebnisse bewerten

Du selbst kannst am besten beurteilen, ob dein Problem gelöst ist. Die SMART-Grundsätze (siehe S. 79) helfen dir dabei, deine Erfolge einzuschätzen. Je klarer und konkreter du deine Ziele formuliert hast, umso leichter kannst du sehen, wie weit du bei dem, was du dir vorgenommen hast, schon gekommen bist. Eine andere Möglichkeit besteht darin, ein sogenanntes Kontinuum aufzuzeichnen. Das ist nichts weiter als eine waagerechte Linie, die als Skala dafür dient, wie weit du dem eigenen Gefühl nach schon vorangeschritten bist. Zeichne ein «X» ein, um zu beschreiben, welcher Punkt auf der Linie deinen Fortschritt am deutlichsten wiedergibt.

Beispiel
Nichts geschrieben _____x_____ fertiger Bericht

Hast du erreicht, was du dir vorgenommen hast? Dann kannst du den Problemlösungsprozess zu Ende bringen. Hast du hingegen gar keinen Fortschritt erzielt, musst du die unternommenen Schritte, ebenso wie die getroffenen Entscheidungen, radikal revidieren. Vielleicht warst du bei der Formulierung deiner Ziele zu ehrgeizig. Was dir damals realisierbar erschien, war am Ende womöglich doch schwieriger, als du dir vorgestellt hast. In dem Fall gilt: Kehre an den Beginn des Problemlösungsprozesses zurück und teile die Aufgabe in kleinere, handhabbare Schritte auf.

Hast du deine Ziele nur zum Teil erreicht, überlege, was gut ging und was sich als schwierig erwies. Es kann sein, dass du mit dem, was du erreicht hast, zufrieden bist. Falls nicht, solltest du die Aspekte, die du nur unzureichend lösen konntest, herausgreifen. Beginne einen neuen Problemlösungsprozess mit ihnen.

Vielleicht musstest du jedoch einsehen, dass das Problem tiefer liegt, und du es ohne therapeutische Hilfe nicht lösen kannst. Am Ende dieses Buches findest du Hinweise darauf, wie du diese Hilfe finden kannst.

Selbstbehauptungstraining

Ein gezieltes Selbstbehauptungstraining ermutigt dazu, Fähigkeiten einzusetzen, die auf inneren Ressourcen basieren. Selbstbehauptung trägt zu einer klaren Kommunikation mit anderen Menschen bei.

Selbstbehauptungs-Quiz

Erkenne dich selbst! Durch die Beantwortung der folgenden Fragen kannst du typische Muster deines Verhaltens besser erkennen. Voraussetzung ist, dass du ehrlich bist. Halte die Antworten («ja», «nein», «manch-

mal», «nie») in deinem Notizbuch schriftlich fest. Wähle die Antwort, die deinem Verhalten am nächsten kommt.
1. Sagst du, was du fühlst?
2. Fällt es dir leicht, Entscheidungen zu treffen?
3. Kritisierst du andere?
4. Sagst du etwas, wenn sich jemand vordrängelt?
5. Hast du Zutrauen zu deiner Fähigkeit, Entscheidungen zu treffen?
6. Verlierst du rasch die Beherrschung?
7. Fällt es dir schwer, nein zu sagen?
8. Streitest du weiter, nachdem dein Gegenüber schon eingelenkt hat?
9. Bringst du schadhafte Waren in den Laden zurück?
10. Fühlst du dich in Gegenwart anderer leicht eingeschüchtert?
11. Kannst du deine Gefühle zeigen?
12. Kannst du andere Menschen um Hilfe bitten?

Beachte: Bei diesem Quiz gibt es kein Richtig oder Falsch. Du lernst damit dich selbst besser kennen – deine Reaktionen auf die obigen Fragen verraten dir viel über deinen persönlichen Verhaltensstil. Bist du mit den Antworten zufrieden? Würdest du dieses oder jenes Verhalten gern verändern?

Vier Grundtypen des Verhaltens

Nicht bestimmt/passiv

Wie sich die Betroffenen fühlen
Eine nicht selbstbewusst auftretende Person fühlt sich oft hilflos, ohnmächtig, unzulänglich und frustriert.

Verhaltensweisen

Anzeichen von Passivität:
- Du bittest nicht um das, was du möchtest.
- Du sagst nicht, was du fühlst.
- Du vermeidest Situationen, in denen du Entscheidungen treffen musst.
- Du fühlst dich oft als Opfer oder Märtyrer.
- Es fällt dir schwer, nein zu sagen. Deshalb bist du schnell überlastet und frustriert.

Wie es den anderen damit geht

Mit einer Person zusammen zu sein, die nicht für sich selbst eintritt, kann für andere frustrierend sein. Zuerst tut sie dir vielleicht Leid. Hast du dann mehrmals versucht, ihr zu helfen, und in einigen Fällen keine Reaktion bekommen, fühlst du dich gereizt und verärgert.

Folgen

Menschen, die sich schlecht behaupten können, vermeiden sowohl Verantwortung als auch Risiken. Sie wollen keine Entscheidungen treffen und keine Zurückweisung erleben. Viele Menschen, die zur Ängstlichkeit neigen, verhalten sich passiv.

Aggressiv

Wie sich die Betroffenen fühlen
Eine aggressive Person hat oft das Gefühl, die Kontrolle zu verlieren. Sie mag sich kurzfristig überlegen fühlen, gleichzeitig aber auch Ängstlichkeit und Unsicherheit verspüren und an mangelndem Selbstbewusstsein leiden.

Übung

Notiere dir folgende Wörter und kreuze die an, die am besten zu dir passen.

hilflos	machtlos	unzulänglich
frustriert	Opfer	Märtyrer
überlastet	schwaches Selbstbewusstsein	
Vermeidung von Risiken	Vermeidung von Zurückweisung	

Verhaltensweisen

Anzeichen von Aggression:

- Du brüllst, schikanierst andere und setzt verbale und/oder körperliche Gewalt ein, um dich durchzusetzen.

- Du musst um jeden Preis gewinnen. Nur dein Weg ist der richtige.
- Du respektierst die Rechte anderer Menschen nicht.

Wie es den anderen damit geht

Aggressives Verhalten kann dazu führen, dass andere sich verängstigt, wütend, hilflos und ausgenutzt fühlen.

Folgen

Aggressive Menschen neigen zu Dominanz. Ihr aggressives Verhalten signalisiert, dass sie anderen nicht zuzuhören und nichts zu erklären haben. Sie verhandeln nicht. Sie mögen sich kurzfristig durchsetzen – auf längere Sicht werden sie oft isoliert und verlieren den Respekt ihrer Mitmenschen.

Übung

Notiere dir folgende Wörter und kreuze die an, die am besten zu dir passen.

schreien	auf Gegenstände schlagen	andere drangsalieren
mit dem Finger drohen	sich überlegen geben	Ängste überspielen
unsicher	schwaches Selbstbewusstsein	

Indirekt aggressiv/passiv-aggressiv

Wie sich die Betroffenen fühlen
Eine indirekt aggressive Person fühlt sich oft enttäuscht und frustriert. Oft mangelt es ihr an Selbstvertrauen.

Verhaltensweisen

Anzeichen von indirekter Aggression:

- Du bist unberechenbar. An einem Tag stimmst du einer Sache zu, am nächsten Tag bist du anderer Meinung.
- Du bist nachtragend und wartest den geeigneten Zeitpunkt ab, um anderen vermeintliches Unrecht zurückzuzahlen.
- Du schmollst und verbreitest eine giftige Atmosphäre.

Wie es den anderen damit geht

Wer mit einer passiv-aggressiven Person zusammen ist, kann sich wütend, gekränkt, verwirrt, manipuliert und schuldig fühlen.

Folgen

Indirekt aggressives Verhalten zielt darauf ab, direkte Auseinandersetzungen und Zurückweisung zu vermeiden. Häufig führt es zum Abbruch von Beziehungen.

Übung

Notiere dir folgende Wörter und kreuze die an, die am besten zu dir passen.

Frustration	Enttäuschung	mangelndes Selbstvertrauen
Groll hegen	zurückzahlen wollen	schmollen
Vermeidung von Auseinandersetzungen		

Selbstbewusst

Wie sich die Betroffenen fühlen
Eine selbstbewusst auftretende Person ist zuversichtlich und gelassen. Ihr bestimmtes Auftreten schützt sie nicht davor, die ganze Bandbreite menschlicher Emotionen zu erleben, doch sie kann sich für ein der jeweiligen Situation angemessenes Verhalten entscheiden.

Verhaltensweisen

Anzeichen von Selbstbewusstsein:

- Ich bitte um das, was ich möchte.
- Ich versuche, mich klar auszudrücken.
- Ich höre anderen zu und achte auf ihre Bedürfnisse.
- Ich respektiere mich selbst und andere.
- Ich suche nach Win/Win-Lösungen und schließe gern Kompromisse, ohne darin etwas Negatives zu sehen.

Wie es den anderen damit geht

Wer mit einer selbstbewusst auftretenden Personen zusammen ist, wird sich in der Regel wertgeschätzt, respektiert und ernst genommen fühlen. In Gegenwart einer bestimmt auftretenden Person fühlen sich andere sicher und fair behandelt.

Folgen

Selbstbewusst auftretende Menschen greifen Gelegenheiten beim Schopf, entwickeln gesunde Beziehungen und schauen zuversichtlich in die Zukunft.

Übung

Notiere dir folgende Wörter und kreuze die an, die am besten zu dir passen.

| zuversichtlich | entspannt | anderen zuhören | Win/Win |
| Gelegenheiten ergreifen | andere respektieren | sich selbst respektieren | |

Was zu einem selbstbewussten Verhalten gehört

Respekt für sich und andere zeigen

Selbstbewusste Menschen respektieren sich und andere gleichermaßen. Sie zeigen diesen Respekt durch einen offenen, ehrlichen und authentischen Umgang. Sie stehen für sich selbst ein, achten aber auch auf die Bedürfnisse anderer. Durch das Setzen von Grenzen zeigen sie ihren Re-

spekt für sich selbst. Jede Person muss für sich selbst entscheiden, welche Grenzen sie setzen will.
Beispiel: «Ich freue mich, dass Du mich fragst, ob ich morgen für dich babysitte. Ich habe jedoch schon andere Pläne, komme aber gern an einem anderen Abend.»

Verantwortung für Gedanken, Gefühle und Handlungen übernehmen

Selbstbewusste Menschen sind bereit, für das, was sie sagen, fühlen und tun Verantwortung zu übernehmen. Sie erkennen, wie wichtig es ist, sich verantwortungsvoll zu verhalten.

Beispiel: «Ich fühle mich herabgesetzt, wenn du mich anschreist», ist bestimmter als: «Du machst mich wütend, wenn du mich anschreist.» Sätze, die mit «Ich» beginnen, signalisieren die Übernahme von Verantwortung für das, was wir fühlen, denken, sagen und tun, wie: «Ich bin enttäuscht von dieser Entscheidung.»

Entscheidungen treffen und dazu stehen

Selbstbewusste Menschen wissen, dass es nötig ist, Entscheidungen zu treffen, und gehen diesen nicht aus dem Weg. Sie glauben, dass selbst falsche Entscheidungen nicht das Ende der Welt bedeuten. Zum selbstbewussten Verhalten gehört, im Bedarfsfall auch einmal Risiken einzugehen, solange sich diese in einem akzeptablen Rahmen halten.

Drei Schritte zum selbstbewussten Verhalten

Schritt 1
Höre aufmerksam zu, wenn du mit jemandem redest. Zeige dem Gesprächspartner, dass du ihn *verstehst* und *ernst nimmst*. Du wirst viel eher Erfolg haben, wenn dein Gegenüber das Gefühl hat, wirklich angehört zu werden. Sehr häufig sind wir in Gedanken sehr viel mehr mit dem beschäftigt, was wir selbst sagen wollen, als mit dem, was die andere Person sagt. Dies führt rasch zu Streitgesprächen nach dem Muster «Hab ich nicht!»/«Hast du doch!»

Beispiel:
Charles: «Es hat mich gekränkt, wie du vor allen anderen zu mir gesprochen hast.»
John: «Ich verstehe, dass dich das gekränkt hat.»

Schritt 2
Sage, was du *denkst* oder *fühlst*. Damit du an die vorherigen Worte oder den vorherigen Satz anschließen kannst, brauche ein Verbindungswort wie «aber», «andererseits» oder «alternativ».

Beispiel:
John: «Andererseits hast du gesagt, dass wir uns bei Teamsitzungen zu Wort melden sollen, wenn wir ein Problem haben.»

Schritt 3
Im letzten Schritt teilst du mit, was deinem Wunsch nach *geschehen* soll. Um dies direkt an den vorherigen Schritt anzuschließen, verwende das Verbindungswort «und». Suche nach einem tragfähigen Kompromiss. Dieser sollte die Situation nicht nur lösen, sondern beiden Parteien dabei helfen, etwas Nützliches für den zukünftigen Umgang mit ähnlichen Situationen zu lernen.

Beispiel:
John: «Vielleicht können wir überlegen, wie wir das nächste Mal mit einer solchen Situation umgehen.»

Beispiel:
Schritt 1: «Ich verstehe sehr wohl, dass Sie wollen, dass ich meine Urlaubspläne ändere.»
Verbindungswort: Aber
Schritt 2: «Aber ich muss noch mit meiner Frau darüber sprechen, denn wir hatten die Daten schon festgelegt.»
Verbindungswort: Und
Schritt 3: «Und ich muss mit ihr Rücksprache halten, ehe ich Ihnen eine Antwort geben kann.»

Überlegt reagieren

Veränderung braucht Zeit. Wenn du mit deinen Antworten oft zu schnell und unüberlegt herausplatzt, zähle im Kopf bis drei und nimm einen tiefen Atemzug. Auf diese Weise verschaffst du dir Zeit, in der du dir eine Antwort zurechtlegen kannst.

Weniger ist mehr

Hast du das Gefühl, du «übererklärst» dich in deinen Antworten? Dann versuche, deine Aussagen bewusst kurz und einfach zu halten. Du musst nicht alles auf einmal sagen!

Weitere hilfreiche Strategien

Die gesprungene Schallplatte

Auch wenn du die oben geschilderten drei Schritte angewandt hast, kann es vorkommen, dass dein Gegenüber deine Äußerungen einfach übergeht. In diesem Fall musst du dich so oft wiederholen, bis deine Botschaft nicht länger ignoriert werden kann. Bedenke aber: Besser als eine bloße Wiederholung ist es, den Kern der Aussage umzuformulieren.

Beispiel:
Jamie: «Ich verstehe gut, dass Sie möchten, dass ich eine Entscheidung treffe. Andererseits muss ich die Situation noch einmal überdenken und schlage deshalb vor, dass ich mich gegen Ende der Woche mit einer Antwort bei Ihnen melde.»
Mike: «So eine große Sache ist das doch nicht. Sie können sich bestimmt auch jetzt entscheiden.»
Jamie: «Ich kann verstehen, dass Sie nicht so gern warten möchten. Aber ich muss mir das noch einmal überlegen und komme dann wieder auf Sie zu.»

Negative Gefühle benennen

Wenn dir ein Verhalten Probleme bereitet, erkläre dich. Drücke aus, wie es auf dich wirkt, und sage, was du dir wünschst. Schreit dich beispielsweise jemand an, kann es sein, dass du ihm gar nicht zuhören kannst und deshalb auch nicht verstehst, was er dir eigentlich sagen will. Oder dein Gegenüber schmollt und du bekommst das Gefühl, gar nicht mehr zu ihm durchzudringen – was der Beziehung echten Schaden zufügen kann.

In beiden Fällen bringt es dich weiter, wenn du deine Gefühle zum Ausdruck bringst.

Beispiel:
«Ich bin irritiert, wenn du so laut wirst (*Verhalten*), und kann dir kaum zuhören, so dass ich gar nicht weiß, was du mir eigentlich sagen willst (*wie es sich auf dich auswirkt*). Dabei möchte ich eigentlich mit dir gemeinsam eine Lösung finden (*was du dir wünschst*).»

Kompromisse schließen

Hier geht es darum, eine Lösung zu finden, mit der beide Seiten gut leben können. Am besten geht dies, indem du dir eine WIN/WIN-Situation schaffst, in der beide einen Kompromiss eingehen und einen Gewinn davontragen. Wenn du dir dies zum Grundsatz machst, sicherst du dir den guten Willen deines Gegenübers, und kannst bei Bedarf später immer wieder darauf zurückgreifen.

Beispiel:
Irene: «Alle werden da sein. Du musst einfach kommen.»
John: «Ich weiß, das wird eine große Sache. Aber es ist nicht so unbedingt das, was mir wirklich Spaß macht. Vielleicht können wir uns für einen anderen Abend verabreden und gemeinsam etwas unternehmen.»
Irene: «Okay, das ist immerhin etwas.»

Ablenken

Diese Strategie ist erfolgversprechend, wenn es darum geht, Aggressionen abzubauen. Sie basiert auf dem Prinzip, dass niemand perfekt ist. Du musst nur einsehen, dass dein Gegenüber selbstverständlich das Recht hat, den eigenen Standpunkt zu äußern. Du vergibst dir dadurch nichts, sondern erkennst lediglich das Recht aller Menschen auf eine eigene Meinung an.

Streitlustige Menschen warten oft regelrecht darauf, dass du ihnen widersprichst. Daraus folgt dann oft das bekannte Spiel: «Habe ich nicht!»/«Hast du doch!» Wenn du anderen den Wind aus den Segeln nimmst, indem du teilweise zustimmst, kannst du eine Eskalation der Situation abwenden.

Beispiel:
Gary: «Immer tust du so, als wüsstest du, was richtig ist. Nie denkst du daran, dass auch andere ihre Meinung haben.» (Eine solche Aussage kann sehr schnell zu einem hitzigen Streit führen.)
Delia: «Da magst du Recht haben. Es war nicht meine Absicht, so auf dich zu wirken, aber vielleicht hast du tatsächlich diesen Eindruck gewonnen.» (Du stimmst damit lediglich der Möglichkeit eines Eindrucks zu, vermeidest aber eine aggressive Verteidigungsstellung und entschärfst so eine potenziell explosive Situation.)

Widersprüche offenlegen

Weise auf Widersprüche in den Äußerungen deines Gegenübers hin.

Beispiel:
«Einerseits sagst du, dass du deinen Job nicht magst, andererseits erzählst du von den vielen interessanten Dingen, mit denen du dich beschäftigst.»

Bedenkzeit nehmen

Veränderungen im Verhalten brauchen Zeit. Falls du bisher ja gesagt hast ohne nachzudenken, kann es schwer sein, diese Angewohnheit abzulegen. Eine Möglichkeit besteht darin, um Bedenkzeit zu bitten. Nimm dir die Zeit, die du brauchst, um deine Position zu finden.

Am Telefon beispielsweise kannst du vorschlagen, später zurückzurufen: «Jetzt geht es gerade schlecht, aber ich rufe Sie gern in 20 Minuten zurück.» Im persönlichen Gespräch kannst du es ganz direkt ansprechen: «Ich brauche ein bisschen Zeit, um über Ihren Vorschlag nachzudenken.» Ein guter Trick ist auch immer ein kurzer Gang zur Toilette. Ein rasches «Entschuldigen Sie mich bitte für einen Moment», gefolgt von einigen Minuten, in denen du darüber nachdenken kannst, was du antworten willst, kann dir den Raum geben, den du brauchst, um zu einer vernünftigen Entscheidung zu kommen.

Deine ganz persönlichen Menschenrechte

Rufe dir diese Rechte in Erinnerung um zu sehen, wie du dich selbst wertschätzt. Natürlich hast du nicht nur Rechte, sondern trägst anderen gegenüber auch Verantwortung. Im Großen und Ganzen geht es darum, sich selbst und andere gleichermaßen zu respektieren. Es steht dir nicht zu, die Rechte anderer zu missachten. Beanspruche für dich nur die Rechte, die du auch anderen zugestehst.

Übung

Lies die folgenden Aussagen und kreuze an, ob du ihnen zustimmst oder nicht.

	Stimme zu/ Stimme nicht zu
– Ich habe das Recht, gleichberechtigt und mit Respekt behandelt zu werden.	
– Ich habe das Recht, um das zu bitten, was ich möchte.	
– Ich habe das Recht, für mich selbst zu sorgen und nein zu sagen.	
– Ich habe das Recht, meine Gefühle und Gedanken zum Ausdruck zu bringen.	
– Ich habe das Recht, um Bedenkzeit zu bitten, ehe ich eine Entscheidung treffe.	
– Ich habe das Recht, meine eigenen Entscheidungen zu treffen.	
– Ich habe das Recht, meine Meinung zu ändern.	
– Ich habe das Recht, Verantwortung für die Probleme anderer abzulehnen, wenn ich dies möchte.	
– Ich habe das Recht, selbst zu entscheiden, wie ich mich verhalten will.	

Übung

Schreibe alle Rechte auf, die du zu den oben genannten hinzufügen möchtest.

Umgang mit schwierigen Situationen

Konflikte bewältigen

Niemand geht durchs Leben, ohne sich mit konfliktträchtigen Situationen auseinandersetzen zu müssen. Die meisten Menschen mögen zwar keine Konflikte, verschlimmern die Situation durch das eigene Verhalten jedoch noch. Zu Ängstlichkeit neigende Menschen gehen Konflikten meist aus dem Weg, fühlen sich aber am Ende oft ausgenutzt und wenig wertgeschätzt.

Ein selbstbewusstes Auftreten hilft dir, mit schwierigen Situationen umzugehen und sie positiv zu beeinflussen.

Eine WIN/WIN-Situation anstreben

Behalte im Auge, was du dir selbst wünschst und was dein Gegenüber sich deiner Meinung nach wünschen könnte. Überlege, ob du ihm bei der Erfüllung seiner Wünsche helfen kannst. Mit dieser Haltung ist die Wahrscheinlichkeit, dass du selbst etwas von dem bekommst, was du dir wünschst, sehr viel höher – und das ganz ohne Druck.

Trenne die Gefühls- von der Sachebene

Wird es hitzig, können dir Gefühle (wie zum Beispiel Ängste) ins Gehege kommen. Starke Gefühle blockieren die Fähigkeit, genau zuzuhören und nachzudenken. Beides ist jedoch notwendig, um einen Konflikt zu lösen, ohne dass die Beziehung Schaden nimmt.

Übernimm Verantwortung und triff klare Ich-Aussagen

Du allein bist für deine Gedanken und Handlungen verantwortlich. Um einen Konflikt selbstbewusst zu klären, musst du klare Aussagen machen. Diese sollten mit «Ich» beginnen und deine Bedürfnisse und Wünsche deutlich ausdrücken.

Eine Sache nach der anderen

Bei einem Konflikt kann es um ein Thema oder um mehrere Themen gehen. Manchmal haben sich die Probleme angestaut und es besteht die Gefahr, dass alles miteinander, mit einem Knall, zur Sprache kommt. Dies gilt es zu vermeiden: Eine erfolgreiche Konfliktlösung gibt vor, ein Thema nach dem anderen abzuhandeln. Mach dir eine Liste all der Themen, die du klären willst, und entscheide dann, welches als erstes angegangen werden soll.

Ungeteilte Aufmerksamkeit schenken

Verhalte dich respektvoll gegenüber anderen! Nur wenn du anderen ungeteilte Aufmerksamkeit schenkst, ist ein positives Ergebnis überhaupt möglich.

Zur richtigen Zeit am richtigen Ort

Wenn du eine Situation wirklich lösen willst, überlege dir gut, wann und wo du die Sache klären willst. Es macht überhaupt keinen Sinn, ein Problemgespräch zu führen, wenn du in Gefahr läufst, immer wieder gestört zu werden oder wenn du unter Menschen bist. Wähle einen geeigneten Ort, an dem sich alle Beteiligten auf das Gespräch konzentrieren können, und achte darauf, dass alle genügend Zeit haben, um in Ruhe darüber zu diskutieren.

Ja und nein sagen

Immer wieder wird es vorkommen, dass andere dich bitten, etwas für sie zu tun. Wenn du gern zusagen möchtest, ist das natürlich vollkommen in Ordnung. Viele Menschen sagen jedoch ja, obwohl sie eigentlich nein sagen möchten. Beachte deshalb beim Umgang mit solchen Bitten folgende vier Schritte.

Schritt 1: Was fühlst du?

Viele Menschen hören nicht auf ihr Bauchgefühl, andere nehmen es gar nicht erst wahr. Es kann gut sein, dass du ein ungutes Gefühl hast, wenn jemand dich um etwas bittet. In dem Fall solltest du dich fragen, womit dieses Gefühl zusammenhängt. Die folgenden Fragen können dabei hilfreich sein:

- Fühle ich mich auf irgendeine Weise ausgenutzt?
- Habe ich das Gefühl, zusagen zu müssen? Falls ja, warum?
- Was ist das Schlimmste, was passieren könnte, wenn ich absage?
- Welches Gefühl verspüre ich genau (Wut, Angst, Peinlichkeit oder ähnliches)?

Schritt 2: Nein sagen

Wenn du nein sagen willst, solltest du dies klar und deutlich tun. Du kannst deine Entscheidung erklären, zu entschuldigen brauchst du dich nicht. Allzu ausführliche Erklärungen lassen vermuten, dass du ein schlechtes Gewissen hast und meinst, deine Position rechtfertigen zu müssen.

Schritt 3: Ja sagen

Auch wenn du ja sagen willst, solltest du dies klar und deutlich tun. Willst du deine Zusage einschränken oder an bestimmte Bedingungen knüpfen, bringe dies offen zur Sprache.

Schritt 4: Unentschieden

Wenn du nicht weißt, was du willst,

- bitte um weitere Informationen, die dir die Entscheidung erleichtern könnten
- bitte um Zeit, damit du deine Entscheidung überdenken kannst
- schlage einen Kompromiss vor, der beiden Seiten entgegenkommt
- versuche es mit einem indirekten Nein; äußere Bedenken, die dein Gegenüber dazu bewegen könnten, die Bitte zurückzuziehen.

Mit Kritik konstruktiv umgehen

Viele Menschen werten Kritik als Anzeichen dafür, dass sie als Person unzulänglich sind, oder fühlen sich ungerechtfertigt angegriffen. Dabei muss Kritik nicht immer destruktiv sein! Versuche vielmehr, gelassen mit Kritik umzugehen und sie konstruktiv zu nutzen. Dies kannst du lernen, indem du:

- dich vergewisserst, worum es bei der Kritik ganz genau geht. Bitte bei Klärungsbedarf um weitere Informationen.

- um Zeit bittest, damit du die Kritik in Ruhe überdenken kannst (spontane Gedanken und Gefühle weisen womöglich nicht den richtigen Weg).

- der anderen Person klar sagst, wann du wieder auf sie zukommen wirst.

- Stehen dir alle notwendigen Informationen zur Verfügung, kannst du in Ruhe abwägen, ob du die Kritik für gerechtfertigt hältst oder nicht. Wenn du ihr zustimmst, musst du die Kritik akzeptieren und Veränderungen für die Zukunft in Angriff nehmen. Bist du anderer Meinung, widersprich ruhig und sachlich und achte darauf, dass du dich nicht entschuldigst.

Andere kritisieren

Andere zu kritisieren fällt manchen Menschen ebenso schwer wie Kritik zu erhalten. Auf ängstliche Menschen trifft dies in besonderem Maße zu. Andererseits hilft es auf lange Sicht nicht, die Kritik herunterzuschlucken. Vorgesetzte müssen ihrem Personal in regelmäßigen Abständen kritische Rückmeldungen geben, Eltern müssen ihre Kinder von Zeit zu Zeit kritisieren, weil diese sonst nicht lernen, sich in dieser Welt zurechtzufinden.
Bedenke deshalb, wenn du andere kritisierst, folgende Punkte:

- Wähle einen diskreten Ort für das Gespräch. Wenn du möchtest, dass andere über das, was du sagst, ernsthaft nachdenken, musst du ihre Gefühle respektieren. Stelle sie keinesfalls bloß.

- Was kannst du Gutes über das Verhalten der anderen Person sagen? Erkenne die guten Punkte ebenso an wie die schlechten, bleibe aber in jedem Fall aufrichtig.

- Vermeide nach Möglichkeit, allzu persönlich zu werden. Halte dich an die Tatsachen und mach klar, wie du darüber denkst.
- Kritisiere stets nur das Verhalten der anderen Person. Denn das Verhalten lässt sich ändern und beeinflussen. Dies gilt nicht für grundsätzliche Merkmale, wie zum Beispiel, ob sie beim Sprechen einen Akzent hat oder nicht.
- Beschreibe deine Gefühle und wie sich das Verhalten der Person auf dich auswirkt.
- Hör gut zu, wenn dir dein Gegenüber antwortet. Eine effektive Kommunikation erfordert aktives Zuhören.
- Der anderen Person muss klar sein, welche Konsequenzen es hätte, wenn sie ihr Verhalten nicht ändert. Zu wissen, dass dich ein bestimmtes Verhalten stört oder eurer gemeinsamen Beziehung schadet, kann als Motivation für eine Veränderung ausreichen.

Mit «Grenzüberschreitungen» umgehen

Es kann Immer wieder vorkommen, dass andere deine Grenzen missachten. Wehre dich gegen solche Grenzüberschreitungen ruhig und bestimmt. Die folgenden Beispiele sollen dir dafür Anhaltspunkte geben.

Jemand trifft Entscheidungen für dich

Der Versuch, für dich zu entscheiden, stellt eine Grenzüberschreitung dar – damit wird dir ein wichtiger Teil deiner persönlichen Verantwortung abgesprochen. Lass die andere Person wissen, dass du sehr wohl in der Lage bist, deine eigenen Entscheidungen zu treffen.

Beispiel:
«Ich weiß, dass du nur mein Bestes willst, aber ich muss und will das selbst entscheiden.»

Jemand setzt dich unter Druck

Manchmal halsen uns andere etwas auf, wenn wir es gerade am wenigsten erwarten, drängen uns, eine Entscheidung zu treffen oder ihrer Meinung zuzustimmen. Du kommst arg in Zugzwang. Bitte in all diesen Fällen um

Bedenkzeit, damit du ganz in Ruhe darüber nachdenken kannst, wie du dich dazu verhalten möchtest.

Jemand behauptet, dass du lügst

Legt jemand direkt oder indirekt nahe, dass das, was du sagst, nicht der Wahrheit entspricht. Das heißt implizit, dass du lügst. Stelle die Sache ruhig und sachlich klar.

Beispiel:
«Ich dachte, dass Jane als Letzte das Büro verlassen hat.»

Was du zu einem angstfreien Leben sonst noch brauchst

Dir ist inzwischen klar, wie du deinen Umgang mit anderen Menschen verbessern kannst. Du bist imstande, durch dein eigenes Verhalten ein positives Ergebnis herbeizuführen. Einige weitere Felder gibt es allerdings noch zu beackern, ehe du wirklich sagen kannst, dass dein Leben angstfrei ist.

Zeit-Management

Teile dir deine Zeit effektiv ein! Gelingt dir das nicht, wirst du dein Versprechen, dein Leben zu verbessern, nicht erfüllen können. Es wird immer wieder zu Situationen kommen, in denen du dir wünschst, es würde anders laufen, dich aber bei der Aussage ertappst, du hättest nicht genug Zeit, um deine neuen Kenntnisse in die Tat umzusetzen.

Zeit ist kostbar und knapp. Wie oft seufzen wir: «Ich würde ja so gern, aber ich habe keine Zeit», oder: «Ich habe ja so viel anderes zu tun». Zu viele Aktivitäten führen zu Erschöpfung, zu wenige zu Langeweile und Frustration. Eine Woche hat 168, ein Jahr mit 365 Tagen 8760 Stunden. Die Zeit, die uns zur Verfügung steht, ist endlich – umso wichtiger ist es, dass wir das Beste daraus machen!

Mit folgender Übung kannst du herausfiltern, wie viel Zeit deine täglichen Aktivitäten einnehmen.

Übung

Um deine Bedürfnisse beim Zeit-Management genauer einzuschätzen, überlege, für welche Aktivitäten du wöchentlich wie viel Zeit aufwendest, und trage diese in eine Kopie der unten stehenden Tabelle ein.

Aktivität	Aufgewendete Zeit
Beispielsweise familiäre Verpflichtungen	
Fahrten zur Arbeit	

Wie effektiv nutzt du deine Zeit?

Stelle dir folgende Fragen:
1. Habe ich Zeit, das zu tun, was ich gern tun würde? Ja/Nein
2. Verschiebe ich Aktivitäten, weil ich zu viel zu tun habe? Ja/Nein
3. Habe ich oft das Gefühl, dass ich einfach nicht genug Zeit habe? Ja/Nein
4. Habe ich je darüber nachgedacht, wie ich meine Zeit nutze? Ja/Nein
5. Bin ich mit meiner Zeitaufteilung zufrieden? Ja/Nein

Hast du die Fragen 2 und 3 mit ja oder die Fragen 1, 4 und 5 mit nein beantwortet? Dann wäre es nicht verkehrt, darüber nachzudenken, wie du deine Zeit bisher aufgeteilt hast, und wie du dies in Zukunft besser tun könntest.

Die zur Verfügung stehende Zeit kann in sechs Bereiche aufgeteilt werden. Nützlich ist es, sich dies mit Hilfe eines Tortendiagramms zu veranschaulichen (siehe Abbildung 8). Zeichne einen Kreis und unterteile ihn so, dass die Größe der sechs Tortenstücke deine Zeiteinteilung möglichst genau wiedergibt.

Die sechs Bereiche sind:
Arbeitszeit: Zeit, die wir mit (bezahlter oder ehrenamtlicher) Arbeit verbringen
Hauszeit: Zeit für Haushalt und Garten
Familienzeit: Zeit für Kinder, Familienmitglieder, Freundinnen und Freunde
Ich-Zeit: Zeit für Hobbys, Entspannung, Sport und Schlaf
Wir-Zeit: Zeit, die wir mit unserer Partnerin/unserem Partner verbringen
Stille Zeit: Zeit, in der wir in Ruhe nachdenken, tagträumen und reflektieren können.

Bist du mit der Zeit, die du für einen der sechs Bereiche aufwendest, nicht zufrieden? Dann überlege, wie du deine Zeit anders verteilen kannst, damit deine Zeiteinteilung deinen Wünschen eher entspricht. Gibt es in deinem Diagramm überhaupt Tortenstücke, die auffällig klein oder groß ausfallen, könnte es hilfreich sein, eine Woche lang täglich über deine Zeitverteilung Buch zu führen.

Zusätzlich könntest du überlegen:
1. Wie teile ich meine Zeit auf?
2. Vergeude ich manchmal Zeit?

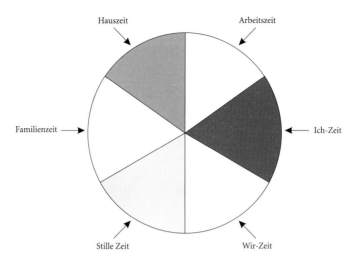

Abbildung 8. Zeitaufteilung – Tortendiagramm

3. Wie könnte ich meine Zeit besser nutzen?
4. Wie könnte ich mehr Zeit für die Dinge finden, die ich gern tue?
5. Wie könnte ich weniger Zeit für die Dinge verwenden, die ich nicht gern tue?

Am Ende der Woche solltest du eine bessere Vorstellung davon haben, womit du deine Zeit verbringst und was du gern öfter oder weniger oft tun würdest.

Bei der Zeitaufteilung gilt es auch die biologische Uhr zu beachten. Es gibt Tageszeiten, zu denen wir fitter sind als zu anderen. Viele Menschen haben zum Beispiel morgens jede Menge Energie und sind nachmittags eher müde und ausruhbedürftig. In jedem Fall ist es sinnvoll, schwierige Aufgaben, soweit möglich, auf die Tageszeit mit der größten Energie zu legen.

Versuche herauszufinden, wann andere Personen ihre Bestform haben – es könnte sicherlich nicht schaden, zu diesen Zeiten mit deinen Anliegen auf sie zuzugehen. Auf das Ergebnis kann sich dies nur positiv auswirken.

Drei Aspekte gehören in jedem Fall zu einem effektiven Zeit-Management:

- Checklisten und Notizen, um die anstehenden Aufgaben im Blick zu behalten
- Terminkalender, um im Voraus planen zu können
- kurz-, mittel- und langfristige Ziele unter Berücksichtigung deiner persönlichen Wünsche und Wertvorstellungen.

Vergeudest du Zeit durch Unordentlichkeit?

Unordentlichkeit kann sich unterschiedlich äußern. Hier einige Beispiele:

- schlecht gepflegte Ablagesystemen durch unregelmäßiges Abheften (wenn du ständig nach allem suchen musst, geht wertvolle Zeit verloren)
- fehlende Markierung relevanter Informationen (Papiere und Dokumente werden einfach auf einem Haufen gestapelt)
- wahlloses Aufheben aller eingehenden Papiere (nicht nur wertvoller Ablageplatz, sondern auch Zeit geht verloren, wenn du nach wichtigen Dingen suchen musst).

Vergeudest du Zeit mit fruchtlosen Gesprächen?

Fällt dir auf, dass du bei der Arbeit oder im Zusammensein mit Freunden Zeit mit unproduktiven Diskussionen vergeudest, obwohl du eigentlich etwas anderes machen müsstest oder willst, befolge die folgenden Prinzipien:

- Halte die Gespräche kurz.
- Platziere eine Uhr in der Nähe, die dich daran erinnert, Gespräche (auch am Telefon) zu straffen.
- Erlerne die Anwendung der «Drei Stufen zum selbstbewussten Verhalten» (siehe auch S. 89).

Schritt 1: «Ich verstehe das Problem», zum Beispiel: «Ich verstehe, dass Sie gern rasch ein Ergebnis hätten.»
Schritt 2: «Aber ich denke oder fühle», zum Beispiel: «Aber ich muss noch etwas recherchieren.»
Schritt 3: «Und ich schlage vor», zum Beispiel: «Und ich schlage vor, wir sprechen uns am Ende der Woche wieder, wenn ich alle Informationen zur Verfügung habe.»

Terminkalender

Ein Terminkalender in gebundener oder elektronischer Form ist ein wichtiges Hilfsmittel, um Termine im Blick zu behalten und im Voraus zu planen. In einen gebundenen Kalender kannst du deine Termine mit

Bleistift eintragen, um sie mit minimalem Aufwand verändern zu können. Wenn du einen elektronischen Kalender benutzt – vergiss nicht, deine Daten regelmäßig per Back-up zu sichern, um dich gegen Datenverlust zu schützen.

Erledigungslisten

Erledigungslisten sind gute Gedächtnisstützen. Hilfreich ist es, die anstehenden Aufgaben nicht bloß einfach aufzulisten, sondern mit Hilfe eines einfachen Systems (Buchstaben A, B, C) Prioritäten hervorzuheben.
A = dringende Dinge, die der sofortigen Aufmerksamkeit bedürfen.
B = wichtige Dinge, die in naher Zukunft erledigt werden müssen.
C = weniger wichtige Dinge, deren Erledigung Zeit hat.

Haftnotizen

Gut sichtbar angebrachte Haftnotizen können als Gedächtnisstützen zur Erledigung wichtiger Aufgaben dienen.

Ablagesysteme

Ein tragbarer, abschließbarer Metallbehälter kann sich bei der Aufbewahrung persönlicher Dokumente als nützlich erweisen. Wichtige Papiere bei Bedarf gleich auf Anhieb finden zu können, ist äußerst zeitsparend.
　Effektives Zeit-Management bedeutet, dass man darüber nachdenkt, was man tut, wie man es tut und wie man aus der endlichen Ressource Zeit das meiste herausholen kann. Anders als andere Ressourcen lässt sich Zeit nicht zur zukünftigen Verwendung aufbewahren.
　Um dafür zu sorgen, dass du deine Zeit effektiv nutzt, musst du der «Stillen Zeit» als gleichberechtigter Aktivität genügend Raum geben. Durch sie wirst du in die Lage versetzt, die Gegenwart einzuschätzen und die Zukunft aktiv zu gestalten.

Stress bekämpfen

Stress entsteht aus der komplexen Beziehung zwischen den Anforderungen, die an eine Person gestellt werden, und den inneren und äußeren

Ressourcen, die ihr zur Verfügung stehen, um diese Anforderungen zu erfüllen.

Die Anforderungen können auch von innen entstehen, durch deinen eigenen Denkstil. Wer perfektionistisch denkt, setzt sich beispielsweise selbst unter Stress, ohne dass Anforderungen von außen an ihn gestellt würden. Zu den relevanten Ressourcen gehören die körperliche Gesundheit und die finanzielle Sicherheit sowie die soziale und familiäre Unterstützung. Versuche, so in Balance zu bleiben, dass die Anforderungen nicht größer werden als deine Ressourcen. Übersteigen die Anforderungen deine Ressourcen, kann leicht das Gefühl entstehen, es «nicht zu schaffen» – es entsteht Stress.

Manchmal wird zwischen «gesundem» und «ungesundem» Stress unterschieden. Das bedeutet, dass sich eine bestimmte Art von Stress durchaus positiv auswirken kann. Eindeutiger ist vor diesem Hintergrund die Verwendung der beiden Begriffe «Druck» und «Stress». Ein gewisser Druck kann motivierend sein. Manche Menschen laufen erst unter Druck zu ihrer Höchstform auf. Druck verwandelt sich in Stress, wenn man nicht die Ressourcen hat, die man braucht, um mit den gestellten Anforderungen fertig zu werden – wenn der Druck zu groß wird, zu lange andauert, und wenn er mit dem Gefühl verbunden ist, dass man die ganze Situation nicht mehr unter Kontrolle hat.

Stress ist enorm persönliche Angelegenheit. Eine Situation, die bei einem Freund Stress verursacht, berührt dich möglicherweise gar nicht – und umgekehrt. Oder du hast früher etwas als stressreich empfunden, inzwischen aber zusätzliche Ressourcen entwickelt und kannst in deiner späteren Lebensphase sehr viel besser damit umgehen.

Arbeit kann eine mächtige Stressquelle sein – Zeitdruck, Überbelastungen, schlechte Beziehungen zu Kollegen und Vorgesetzten, mangelhafte Kommunikation innerhalb des Systems, ständiger Wandel, unzureichende Vorbereitung für die anstehenden Aufgaben und Arbeitsplatzunsicherheit spielen eine große Rolle. Aber auch im Privatleben kann Stress entstehen – familiäre Konflikte, Veränderungen und Krisen, gestiegene Anforderungen bei der Arbeit und in der Freizeit können sich negativ auf uns auswirken.

1967 veröffentlichten die US-amerikanischen Psychologen Thomas Holmes und Richard Rahe erstmals eine Skala von 43 mit Stress verbundenen Lebensereignissen, die sie je nach Schweregrad mit einer Punktzahl versahen. In der Aufstellung auf der gegenüber liegenden Seite stehen die sieben Lebensereignisse mit der höchsten Punktzahl.

Ereignis	Punktzahl
Tod der Partnerin/des Partners	100
Scheidung	73
Trennung	65
Inhaftierung	63
Tod eines nahen Angehörigen	63
Eigene Krankheit oder Verletzung	53
Hochzeit	50

Auf der von Holmes und Rahe zusammengestellten Skala stressreicher Ereignisse finden sich auch die folgenden Punkte:

- Gestaltung des Weihnachtsfestes
- Schwangerschaft
- Sexuelle Probleme
- Rechtliche Auseinandersetzung
- Umzug
- Schulwechsel
- Veränderung der Lebensumstände
- Veränderungen der Arbeitszeiten oder Arbeitsbedingungen
- Streit mit Partner/Partnerin oder Familie
- Adoption oder Geburt eines Kindes

Das Wissen um den Stressfaktor verschiedener Lebensereignisse hilft dabei, sich rechtzeitig auf Probleme einzustellen. Wenn wir beispielsweise wissen, dass die Zeit nach der Geburt eines Kindes mit Stress verbunden sein kann, können wir schon im Vorfeld überlegen, welche Maßnahmen wir ergreifen können, um diesem Stress möglichst entgegenzuwirken. Viele Menschen sind überrascht, dass auch als durch und durch positiv geltende Lebensereignisse wie etwa eine Hochzeit, die Geburt eines Kindes oder eine Beförderung, mit nicht unerheblichem Stress verbunden sein können. Dieser hängt meist mit den umfassenden Veränderungen zusammen, die solche Ereignisse auslösen. Solche Veränderungen erfordern Anpassung und neue Bewältigungsstrategien, die es meist erst noch zu entwickeln gilt.

Die richtige Ernährung

Angst und Ernährungstipps

Angstgefühle können schlimmer werden, wenn man koffeinhaltige Stimulanzien wie Tee, Kaffee, Cola oder Schokolade zu sich nimmt. Deren anregende Wirkung kann sich nachteilig auf die innere Nervosität und den ohnehin erhöhten Adrenalinspiegel auswirken. Weil wir bei Angstgefühlen verstärkt Adrenalin produzieren, kann unser Blutzuckerspiegel außerdem dramatisch absacken. Um ihn im Gleichgewicht zu halten, ist es wichtig, während des Tages öfter kleinere Mahlzeiten zu sich zu nehmen. Hilfreich ist auch, raffinierten Zucker und alle andere Substanzen zu vermeiden, die zu einem zu starken, plötzlichen Ansteigen des Blutzuckerspiegels führen können. Lebensmittel, die Kohlenhydrate langsam freisetzen – wie Kartoffeln, Nudeln, Reis, Brot (am besten in Vollkornqualität), Äpfel und Bananen – sind sehr viel besser geeignet, da sie den Körper gleichmäßig und kontrolliert mit Nährstoffen versorgen.

Ratschläge für eine gesunde Ernährung kann man heutzutage kaum mehr umgehen. Wichtig ist die Erkenntnis, dass sich das, was wir essen, auch auf das auswirkt, was wir fühlen. Unsere Ernährung bestimmt mit darüber, wie ruhig und zuversichtlich wir uns fühlen und wie wir in dieser Welt emotional zurechtkommen.

Wie bereits erklärt, produziert unser Körper Stresshormone, und setzt Fettsäuren und Zucker frei, um uns bei der Bewältigung einer Krise zu helfen. In einer solchen Situation sind die natürlichen Blutzuckerspiegel außer Kraft gesetzt. Dies ist auch der Fall, wenn wir wütend oder ängstlich sind. Unsere Blutzucker helfen uns, den Nährstoffbedarf unseres Körpers zu regulieren. Ein geringer Blutzuckerspiegel («Hypoglykämie») trägt zu Angstsymptomen bei.

Das Absinken des Blutzuckerspiegels führt zu bestimmten Reaktionen im Nervensystem, darunter Gefühle von Angst, Verwirrung und Panik. Lebensmittel, die große Mengen an raffiniertem Zucker und wenig Protein enthalten, tragen – ebenso wie die bereits genannten Stimulanzien zu diesem Zustand bei.

Auch Vitamin- und Mineralstoffmangel kann Angstgefühle verstärken. So kann es sein, dass du zu wenig Magnesium, Zink oder Tryptophan (eine Aminosäure) bekommst. Aber auch eine zu große Menge bestimmter Nährstoffe kann das Nervensystem durcheinander bringen und zu Angstgefühlen führen. Kalium, Natrium, Phosphor und Kupfer sind Mineralstoffe, auf die dies zutreffen kann.

Bei einer Überfunktion der Schilddrüse oder der Nebennieren kann die Aufnahme und Verwertung von Mineralstoffen gestört sein, was das emotionale Gleichgewicht beeinflussen und zu Angstgefühlen führen kann. Eine Schilddrüsenunterfunktion dagegen ist eher mit depressiven Gefühlen als mit Angst verbunden.

Wie kann ich mir selbst helfen?

Wenn du irgendwelche Fragen zu deiner Gesundheit hast, solltest du auf jeden Fall mit deiner Ärztin oder deinem Arzt sprechen. Ich habe immer den Standpunkt vertreten, dass zuerst alle körperlichen Ursachen ausgeschlossen, erkannt und behoben werden sollten, ehe man sich mit den psychischen und durch die Lebensumstände bedingten Faktoren befasst.

Hier einige Ernährungstipps, die dir sicherlich helfen werden:

- Trink viel Wasser. Es ist nicht nur gut für die Haut, es hilft dir auch, Giftstoffe auszuscheiden und hält die Nieren gesund. Acht große Gläser am Tag sind optimal. Ist dir reines Wasser zu fad, gib einen Schuss Obstsaft dazu. Früchte- und Kräutertees sind auch eine gute Option. Meide dagegen zuckerhaltige Getränke, die sich aus den oben genannten Gründen nachteilig auswirken.

- Nimm mindestens sechsmal am Tag eine kleine Mahlzeit zu dir: morgens, vormittags, mittags, nachmittags, abends und spätabends. Indem du oft und wenig isst und keine Mahlzeit auslässt, hältst du deinen Blutzuckerspiegel im Gleichgewicht.

- Halte gesunde Snacks bereit und plane für Tage voraus, an denen es schwierig sein könnte, etwas Gesundes zu essen zu bekommen.

- Vermeide Fastfood, da es in der Regel mehr Fett, Zucker und Zusatzstoffe enthält als gut für dich ist.

- Nimm täglich eine Multivitamintablette. Alle benötigten Nährstoffe durch das tägliche Essen aufzunehmen kann schwierig sein. Ein Multivitaminpräparat hilft dir, eine mögliche Unterversorgung zu vermeiden.

- Vermeide Kaffee, Tee, Cola-haltige Getränke und Schokolade, da diese Koffein enthalten. Natürlich musst du nicht auf alles verzichten, was du gern magst. Wenn du dir also ab und an etwas Schokolade gönnen willst, nur zu. Aber nimm eine dunkle Sorte, die mehr Kakao und weniger Zucker enthält.

- Vermeide gesättigte Fettsäuren, da diese zu gesundheitlichen Problemen führen können. Eine fettreiche Ernährung enthält auch viel Cholesterin, das mit einem erhöhten Risiko von Brust-, Darm- und Prostatakrebs ebenso wie von Herz und Kreislauferkrankungen in Verbindung gebracht wird.
- Vermeide übermäßigen Alkoholkonsum – Alkohol entzieht dem Körper Wasser, verstärkt Stimmungsschwankungen, depressive Symptome und fördert Aggressionen.
- Verwende weniger Salz (Natrium). Die in unserem Essen natürlich vorkommenden Mengen sind mehr als ausreichend, um unseren Bedarf abzudecken.

Welche Lebensmittel darf ich essen?

Das Ziel besteht darin, dich so abwechslungsreich wie möglich zu ernähren. Die folgende Liste gibt dir eine Vorstellung von der Bandbreite all der Lebensmittel, die zu einer guten körperlichen und psychischen Gesundheit beitragen können.

Proteine

- Fleisch, Hühnchen
- Fisch, Meeresfrüchte
- getrocknete Bohnen
- Sojaprodukte

Kohlenhydrate

Komplexe

- Vollkornbrot
- Vollkornnudeln
- Naturreis
- Erbsen und Bohnen
- Gemüse
- Obst und Nüsse

Raffinierte (weniger gesund)
- Süßspeisen

Kalzium
- Milch, Käse, Jogurt
- Fisch
- Brokkoli, Pflücksalat, Lauch, Kohl, Pastinaken, Kartoffeln, Blaubeeren, Orangen

Kalium
- Kartoffeln, Süßkartoffeln
- Fisch, Sardinen
- Schweinefleisch, Hühnchen
- Blumenkohl, Zuckermais, Avocados, Lauch
- Müsli, Cerealien
- Jogurt
- Bananen, Rhabarber

Eisen
- Hirse, Amaranth
- Trockenfrüchte
- Dunkelgrünes Gemüse, Feldsalat
- Roter Traubensaft
- Eier

Welche Hilfen zur Verfügung stehen

Psychologische und psychiatrische Fachverbände empfehlen Betroffenen die folgenden Möglichkeiten.

Über das Problem sprechen

Dies kann vor allem dann helfen, wenn die Angst mit kürzlich zurückliegenden Tiefschlägen wie der Trennung von der Partnerin oder vom Partner, der Krankheit eines Kindes oder dem Verlust des Arbeitsplatzes zusammenhängt. Mit wem sollen wir sprechen? Versuche es mit Menschen aus deinem Freundes- oder Verwandtenkreis, denen du vertraust, deren Meinung du respektierst und die gut zuhören können. Vielleicht kennen diese Menschen das Problem aus eigener Anschauung oder haben es bei anderen miterlebt. Über ein Problem zu reden schafft Erleichterung. Vielleicht können wir dabei gleichzeitig erfahren, wie andere Menschen mit ähnlichen Problemen fertig geworden sind.

Selbsthilfegruppen

Selbsthilfegruppen bieten uns die Chance, mit Menschen in Kontakt zu kommen, die mit ähnlichen Problemen zu kämpfen haben wie wir. Diese Menschen werden besonders gut verstehen, was wir durchmachen, und können aus eigener Erfahrung möglicherweise hilfreiche Vorschläge machen. In Frage kommen Gruppen für Menschen mit Ängsten und Phobien, aber auch Gruppen für Menschen mit bestimmten Erfahrungen (etwa mit Trauer, Missbrauch oder ähnlichem).

Entspannen lernen

Um Angst und Anspannung unter Kontrolle zu bekommen, kann es eine große Hilfe sein, Entspannungstechniken zu erlernen. Dies kann in Kursen oder Einzelbehandlungen geschehen. Inzwischen gibt es aber auch zahlreiche Selbsthilfebücher und -videos. Wichtig ist, dass diese Techniken regelmäßig geübt und nicht erst dann ausprobiert werden, wenn man in einer Krisensituation ist.

Psychotherapie

Bei einer Psychotherapie werden in intensiven Gesprächen die Ursachen für die Angst ergründet. Diese Ursachen sind den Betroffenen selbst oft selbst nicht bewusst. Die Behandlung kann in Gruppen oder einzeln stattfinden und wird in der Regel über mehrere Wochen oder Monate einmal wöchentlich durchgeführt. Psychotherapien können von Ärztinnen und Ärzten oder Psychologinnen und Psychologen durchgeführt werden. Als eine erste Anlaufstelle können aber auch öffentliche oder institutionelle Beratungsstellen dienen.

Medikamente

Auch Medikamente können bei der Behandlung mancher Menschen mit Ängsten oder Phobien eine Rolle spielen.

Hilfreiche Bücher

Peurifoy, R. Z. (2009): Angst, Panik und Phobien. Ein Selbsthilfe-Programm. Bern: Hans Huber.

Peurifoy, R. Z. (2007): Frei von Angst – ein Leben lang. Hilfe zur Selbsthilfe. Bern: Hans Huber.

Silove, D.; Manicavasager, V. (2006): Wenn die Panik kommt. Ein Ratgeber. Bern: Hans Huber.

Hilfreiche Adressen

Therapeutinnen und Therapeuten:

Der Berufsverband Deutscher Psychologinnen und Psychologen vermittelt auf die Behandlung von Angststörungen spezialisierte Therapeutinnen und Therapeuten.

Psychotherapie-Informationsdienst (PID)
Am Köllnischen Park 2
10179 Berlin
Tel. 030 209 16 63 30
Telefonische Beratungszeiten Mo und Di 10–13 Uhr, Mi und Do 13–16 Uhr
Fax 030 209 16 63 16
E-Mail pid@dpa-bda.de
Internet www.psychotherapiesuche.de

Kliniken

Zahlreiche Kliniken haben sich auf die Behandlung von Angststörungen spezialisiert oder haben spezielle Angstambulanzen, z. B.:

Spezialambulanz für Angst- und Zwangsstörungen
Kliniken für Psychiatrie und Psychotherapie
UKE (Haus W37)
Martinistraße 52
20246 Hamburg
Tel. 040 74 10 544 94
Fax 040 74 10 542 07
Internet www.uke.uni-hamburg.de/kliniken/psychiatrie

Eine Liste von Praxen, Kliniken und Kurhäusern in Deutschland, Österreich und der Schweiz findest du unter www.aphs.ch

Selbsthilfegruppen

Mehrere Dachverbände vermitteln Adressen von Selbsthilfegruppen:

MASH Münchener Angst-Selbsthilfe
Bayerstraße 77a Rgb.
80335 München
Tel. 089 51 55 53 0
Fax 089 51 55 53 16
E-Mail daz@angstselbsthilfe.de
Internet www.daz-zeitschrift.de

DASH Deutsche Angst-Selbsthilfe
Außenstelle Neuss
Tel. 02131 46 38 47
Telefonische Beratungszeiten Mo 10–12 Uhr, Do 16–18 Uhr
Internet www.panik-attacken.de/index.php/deutsche-angst-shg-main-menu-133

NAKOS Nationale Kontakt- und Informationsstelle zur Anregung und Unterstützung von Selbsthilfegruppen
Wilmersdorfer Straße 39
10627 Berlin
Tel. 030 31 01 89 60
Telefonische Beratungszeiten Di 9–13 Uhr, Mi 9–12 Uhr, Do 14–17 Uhr, Fr 10–13 Uhr
Fax 030 31 01 89 70
E-Mail selbsthilfe@nakos.de
Internet www.nakos.de

SHG bei Depression und Angst
Obere Augartenstraße 26–28
A-1020 Wien
Tel. 0699 10 88 40 06 (Mobiltelefon)

Club D&A
Selbsthilfe bei Depression und Angststörungen
Zimmermanngasse 1A, Hochparterre
A-1090 Wein
Tel. 0676 84 62 28 16 (Mobiltelefon)
Fax 01 405 00 80
E-Mail office@club-d-a.at
Internet www.club-d-a.at

pro mente Wien
Gesellschaft für psychische und soziale Gesellschaft
Grüngasse 1A
A-1040 Wien
Tel. 01 513 15 30 302
Fax 01 513 15 30 350
E-Mail gerhard.oberenzer@promente-wien.at
Internet www.promente-wien.at

Gemeinsame Angst-Depression-Selbsthilfe
Hadikgasse 138/6
A-1140 Wien
Tel. 0676 316 31 35 (Mobiltelefon)
E-Mail info@angst-depression-selbsthilfe.at
Internet www.angst-depression-selbsthilfe.at

Angst und Panikhilfe Schweiz
Ahornweg 8
CH-6074 Giswil
Tel. 0848 80 11 09 (Hotline)
Fax 061 793 00 50
E-Mail hotline@aphs.ch
Internet www.aphs.ch

Register

A
Ablenkung 54
Adrenalin 9, 51, 62, 67, 75, 108
Aggressivität 85, 110
– indirekte 86
Alkohol 110
Alles oder Nichts-Denken 33, 41, 50
Angst
– Anfälligkeit 12
– Definition 9
– familiärer Faktor 14
– genetischer Faktor 12
– Ungefährlichkeit 18, 73
Angstfreie Gefühle 55
Angstfreies Denken 27
Angstfreies Handeln 71
Angststörung, generalisierte 12, 15
Ansprüche 46
– hinterfragen 47
Antidepressiva 76
Argumentieren, emotionales 36, 42
Atemübungen 21, 67

B
Bedenkzeit 93
Belastungsstörung, Posttraumatische 16
Benzodiazepine 76
Beruhigungsmittel 76
Bewältigungsstrategien 13, 72, 75
Bewegung 62
Beziehungen, gesunde 58
Biologische Uhr 103
Blutzuckerspiegel 108
Brainstorming 80
Burn-out 17

C
Cortisol 9

D
Demütigung 65

Denken
– angstfreies 27
– gesundes 32
– hinterfragen 41
– verändern 39
– Wahrheitsgehalt 30
– wenig hilfreiches 32
Denkmodelle 7
Denkmuster, negative 33, 39, 41
Denkstile 13, 106
Depression 7, 12, 76, 110

E
Emotionale Intelligenz 55
Emotionales Argumentieren 36, 42
Empathie 60
Entscheidungen 89
Entspannung 20, 112
Entspannungsübungen 21, 67
Erledigungslisten 105
Ernährung 51, 108, 109
Etikettieren 36, 42
Exposition, graduelle 71

F
Familiengeschichte 12
Fettsäuren 108, 110
Filter, mentale 35, 42

G
Gedanken
– negative 74
– negative automatische 33
– positive 75
Gefühle
– angstfreie 55
– starke 60
Generalisierte Angststörung 12, 15
Gesundheit 51, 62, 109
Graduelle Exposition 71

H
Handeln, angstfreies 71
Hyperventilation 68
Hypochondrie 15
Hypoglykämie 108

I
Ich-Aussagen 95
Intelligenz, emotionale 55

K
Kampf- oder-Flucht-Reaktion 11
Katastrophendenken 38, 44
Kernüberzeugungen 49, 63
Koffein 51, 108
Kognitive Verhaltenstherapie 7, 8, 32
Kohlenhydrate
– komplexe und einfache 108
Kompromisse 92
Konfliktlösung 95
Körpersprache 59
Kosten/Nutzen-Analyse 64
Kritik 45, 58, 65, 98

L
Lebensregeln 45, 49, 62
Lob 58

M
Medikamente 19, 76, 113
Menschenrechte 94
Mentale Filter 35, 42
Mineralstoffmangel 108
Monoaminooxidase-Hemmer (MAO-Hemmer) 77
Müdigkeit 18
Muskelentspannung 21

N
National Health Service 7
National Institute for Clinical Excellence (NICE) 7
Nebennieren 109
Negative Denkmuster 33, 39, 41
Nein sagen 96

Nervenzusammenbruch 18
Noradrenalin 9

O
Office for National Statistics (ONC) 12
Optimismus 28

P
Panikattacken 73, 74
Panikstörung 12, 17
Passivität 84
Perfektionismus 50, 106
Personalisierung 37, 42
Persönlichkeitstyp 13
Pessimismus 28
Phobie, soziale 17
Phobien 16
Posttraumatische Belastungsstörung 16
Problemlöseverhalten 77
Psychologie 12
Psychotherapie 83, 113

R
Rational-Emotive Verhaltenstherapie 50
Reaktion, überlegte 90, 93
Rückschläge 39, 81

S
Scham 65
Schilddrüse 109
Schlafmittel 76
Schlafprobleme 24
Schuldgefühle 62, 63
Schuldzuweisung 37, 42
Selbstakzeptanz 50, 52
Selbstbehauptungstraining 83
Selbstbewusstsein 64, 83
Selbsthilfegruppen 112
Selbstmitleid 52
Selbstmotivation 57
Selbstrespekt 52, 88, 94
Soll/Muss-Denken 38, 41, 46, 51

Sorgen 66
Soziale Phobie 17
Soziale Unterstützung 14, 20
Status 65
Stress, Lebensereignisse 106
Stress-Management 20, 105
Stresshormone 9, 108
Stressreaktion 9, 31, 51, 74
Stressreduktion 20

T
Terminkalender 104
Trauma 12, 31
Tryptophan 108
Typ A/B-Persönlichkeit 13

U
Überlegte Reaktion 90, 93
Überzeugungen 30, 31, 45, 52
Uhr, biologische 103
Unordentlichkeit 104
Unterstützung, soziale 14, 20
Unzulässige Verallgemeinerungen 37, 41

V
Valium 76
Verallgemeinerungen, unzulässige 37, 41
Verankern 22
Verantwortung 52, 55, 65, 89, 95
Verhaltens-Grundtypen 84
Verhaltenstherapie, Kognitive 7, 32
Vermeidungsverhalten 16, 45, 71, 74
Visualisieren 22, 69, 74
Vitaminmangel 108

W
Wahrsagerei 34, 41
Wertschätzung 58
WIN/WIN-Situation 65, 92, 95

Z
Zeit-Management 23, 101
Zielfindungsprozess 77
Zwangsstörung 12, 15